定年後の壁

稼げる60代になる考え方

江上 剛

Egami Go

PHP新書

はじめに

最近は、定年延長が進み、65歳、70歳まで勤務できる企業が増えているが、一般的には60歳で第二の人生を歩みだす。

ここからどんな人生を歩むのか？　どんな壁があるというのか？

日本の年収の中央値は直近のデータ（厚生労働省「2021年国民生活基礎調査」）で440万円だ。中央値とは平均年収と違って、実態を表しているといわれる。平均年収だと多い人に引っ張られてしまうので564万円である。

今まで1000万円以上もらっていた人も60歳を契機にほぼ半減し、400万円台になってしまうのだ。

今、日本の給料が上がらないといわれる。いろいろな側面があると思われるが、役職定年や再雇用で給料が半減する制度の影響もあるのではないだろうか。

日本は、超高齢社会に突入している。30％は60歳以上である。彼らの収入が激減している以上、データ上は収入が増えないということになる。

一流の大手企業に勤務する私の友人は、60歳を過ぎたら、年収が４００万円になったと嘆いていた。仕事上は肩書が無くなったもののやることはまったく変わらない。変わったのは給料が減っただけと不満たらたらだ。

こんな人が多いのだろう。

だからと言って彼は会社を辞めるわけではない。不満はあるが、このまま70歳近くまで雇用するという条件を吞《の》んで、今も働き続けている。

企業にとっては安い給料で、今までと同じ仕事をしてくれるので、大変な儲けものだ。

雇用を守る、維持する代わりに給料を減らすのである。仕事を続けさせてやるから、給料が安くなっても我慢しろと、なんだか上から目線の制度で嫌な気分だ。

嫌だったら、辞めればいいじゃないかと会社は言うだろうが、大方の人は、そうはいかない。あまり人の弱みに付け込まないで欲しい。

アメリカには定年という制度はないと聞いた。イギリスでは２０１１年４月に定年制が廃止された。

年齢に関係なく能力に見合った給料を支払っている。その代わり雇用は保障されない。

企業は、平気でクビを切る。最近は、ＧＡＦＡと呼ばれる巨大ＩＴ企業が、１万人単位でクビを切っている。日本では考えられない。

その代わり能力があれば、年齢に関係なく給料を支払うので、アメリカではインフレになってもそれに応じて給料も上がっていく。

工事や建設関係など技術のある人には10万ドル（1千数百万円）以上も支払うというから驚きだ。日本で働くより、アメリカに行きたくなる人もいるのではないだろうか。

日本みたいにインフレ下の低年収なんて貧乏くさいことはない。

もちろん、クビになった人は、上手く転職ができなければ無収入になるわけで、どちらの制度がいいのかは一概に言えないとは思う。

ある本によると、世界を見ても日本は65歳以上の人が一番多く働いている社会らしい。

その理由は、年金支給額が少なく、将来的な支給にも不安があるからだといわれる。年金だけでは暮らしが十分に維持できない。だから65歳を過ぎても働かざるを得ない。

元気であれば、年老いても働きたいという日本人のメンタリティも高齢者雇用が多い理由かもしれない。

ところで政府が年金支給開始年齢を遅らせようとしているのは、年金財政が厳しいからばかりではなく、安い高齢者労働力を確保するためかもしれない。

65歳から支給される老齢厚生年金額（基礎年金含む）は月当たり約15万円。これは会社勤めをした人で、それ以外は老齢基礎年金だけだから約6万円だ。

アメリカは日本と年金制度が違うから比較は難しいが、日本と似た公的年金支給額は日本と大きくは変わらない。しかし企業に勤めていた人は４０１Ｋといわれる確定拠出型年金制度に加入し、株などで運用しているから日本より裕福に暮らしているようだ。

アメリカの老後資金の平均は約２６２６万円、年収の中央値は約６７０万円というデータがある。これを信じる限り結構いい。

いずれにせよ財産の有る無しにかかわらず、歳を取るにつれて不安が大きくなる。死が現実に迫ってくるからだろう。残り時間の少なさに啞然《あぜん》とし、焦りが出てくる。いったい自分は何をするためにこの世に生を享《う》けたのだろうか、などと哲学的なことを考える人もいるだろう。

私は今、69歳である。すぐに古希の70歳になる。古来稀なる年齢だ。幼い頃、こんな歳まで生きているなんて想像しただろうか。

私たちは長生きになった。厚生労働省によると、平均寿命は昭和30年（１９５５年）には男性63・60歳、女性67・75歳であったが、令和3年（2021年）には男性81・47歳、女性87・57歳にまで延びた。

私の父は89歳、母は83歳で亡くなった。直前まで健康で、長患いもせずに逝《い》った。ある意味、子ども孝行だったといえるだろう。

知人は80歳になる。ところが母親は100歳を過ぎて、寝たきりで生きている。介護費用も馬鹿にならない。自分の方が先に逝ってしまうかもしれないと不安を漏らす。

今、人生100年時代らしい。誰がこんなことを言いだしたのだろうか。

ある本に「日本人は100歳まで生きると、99％は認知症になる」と書いてあった。将来は、よほどうまくやらないと介護費用などで国家が財政破綻に追い込まれるだろうというのだ。実際、その通りになる可能性は高い。

国も私たちも不安は尽きない。だからってわけじゃないだろうが、中国の儒家の祖、孔子は60歳を「耳順《したが》う」と言い、70歳を「矩《のり》を踰《こ》えず」と言った。60歳になれば人の意見に耳を傾け、70歳になれば何をしても世の中のルールを破ることはないというのだ。

この言葉を思い出すたびに、もういい加減な年齢なのだから、余計なことを考えずに静かに暮らしなさいよと言われている気がする。

しかし、不動産などの不労所得がある人などを除いて60歳を過ぎて悠々自適な生活を営むことができる人は少ないのではないだろうか。本書では、銀行員から作家になった私の経験を通して、定年前後をどのように過ごせば、収入を得つつ新たな人生を過ごすことができるのかを述べてみたい。

２０２３年２月

江上　剛

定年後の壁

目次

第2章 世間と関われば、自然にお金は得られる

第3章 今のうちに「好きなこと」に投資しなさい

第4章　シニア起業は「正直」を貫け

第5章 利害関係でなく個人の魅力で人とつながる

第6章　家族には愚痴ではなく仕事を語れ

第7章　人と分かち合えば健康になれる

第1章

60歳からは自分の楽しみのために働け

1 「手に職」の壁

手に職をつけたければ、過去の仕事にこだわるな

今の社会、誰もがデジタルの知識がなければ生きていけないという強迫観念にとらわれている。

DX（デジタルトランスフォーメーション）ってなんだ？　なんて言っている人は、完全に終わりだ。

50代、60代になっていまさら手にどんな職をつければいいんだろう。

目的は、いい仕事にありつくためだが、もはや手遅れだろう。

銀行員の頃、総会屋事件という大事件に巻き込まれた。事件の詳しいことは説明を省くが、金融界を震撼《しんかん》させる大事件だった。

私が勤務していた第一勧業銀行も破綻するんじゃないかと思った。部下と「銀行が潰れたら、何をするか」と話し合った。

ある部下は「魚釣りが好きなので漁師になります」と言った。

私は羨ましいと本気で思った。私は、自動車の運転も上手くない。ペーパードライバーだ。英語もできない、パソコンもできない、もちろん魚釣りなんて趣味もない。無い無い尽くしの中年男だ。本気で無職のホームレスになるだろうと思った。

付け焼刃でなにか技術を身につけてもなんの役にも立たない。身も蓋もないことを言って申し訳ないが、本当のことだ。たいていの人は「手に職」というと、パソコンの技術、今ならＩＴだろうが、その他、何かの国家資格でもと考えるのだろう。

しかし、「○○でも」というような、とりあえず何か身につけるかという態度では、仮に資格を取得しても役には立たない。

真剣に、それで生きていくという覚悟が必要なのだ。

知人は、55歳で会社を辞めてから司法書士、行政書士、ファイナンシャルプランナーの資格を取得して、事務所の看板を掲げた。

会社の人間関係に疲れて、早期退職を決意したからだ。これからは会社に頼らず生きていこうという覚悟を決めたのが、彼の成功の秘訣だ。数社の中小企業の顧問を引き受け、75歳になった今も、慎ましやかだが悠々自適だ。

「この歳になっても人に頼られるのは嬉しいね」と彼は言う。

彼は偉い。学ぶ気力がある時に国家資格を取得して、収入に結び付けたからだ。

一番難しかったのは、行政書士だったらしい。

「どうしてそんなに資格を取ったのですか?」と聞くと「暇だったんだよ」と謙遜していた。この謙虚な姿勢がいい。実際は、彼なりに老後のことを考えたからなのだろう。

なかなか彼のようにはいかない。私には無理だ。50歳を過ぎてから国家資格取得のために本気で勉強するなんて! 挫折が目に見えている。それに元の業務との関連性や興味がなければ、勉強は続かない。面白くない本を読めないのと同じだ。

私は、「手に職」はないが、前向き、楽観的に考えることにした。

「俺は、ちゃんと会社勤めをしてきたぞ」

自信が大事だ。50代、60代になるまで会社勤めを果たし、成果を上げてきたという自信だ。たとえ専門職でなくても会社にも社会にも貢献してきたではないかという自信だ。

自信があれば、なんとかなる。道は開ける。楽観的に考えようではないか。いまさらジタバタしたって仕方がない。

人脈もあるだろう。仕事をしてきたという自信があるなら、それに見合う人脈があるはず。それを活用すれば、いろいろな仕事が可能になる。

心配し過ぎは心を暗くするだけだ。

どうしても心配なら職業安定所（ハローワーク）に行けばいい。以前なら有楽町の交通会館に東京人材銀行があり、40歳以上の職業キャリアのある人の転職支援をしていた。

私もそこに相談に行った。とても厳しく能力査定をされたが、非常に勉強になった。「下手のプライド休むに似たり」という現実をドーンと突き付けられたのだ。目が覚めた。

何が勉強になったか。

過去の栄光にこだわるなということだ。それにこだわり、見栄を張ると選択肢は極端に狭《せば》まる。こんな見栄えの悪い仕事、できるかい！ということになるのだ。こんな見栄やプライドばかりで自分を飾っていると、ひきこもりの不満たらたら老人になるのがオチだ。

東京人材銀行は、厚生労働省の合理化で廃止になってしまったようだが、公的な職業安定所は各地にある。また、民間の職業紹介所もある。

面倒くさいと言わずに職業安定所に相談に行こう。思いがけない気づきが待っているかもしれない。職業安定所を通じて職業能力開発センターで技能を身につけることも可能だ。まさに「手に職」をつけるのだ。それも実践的な技術である。

中高年齢者（45歳以上）も大歓迎しているようだ。６か月程度でいろいろな技術を身につけ、再就職に役立てることができる。無料のコースもある。

私は、取材で職業能力開発センターに行ったことがある。ビルなどの清掃業務の講習を受けている場に立ち会った。

会社を定年退職した60代の男性が、一生懸命に機械を操作し「こんなに勉強するんです」と分厚いテキストを見せてくれた。

どんな洗剤を使えばいいのか、どのように清掃すればいいのか、専門的な知識が網羅されていた。高度な知識が必要になることに驚いた。

清掃なんて誰でもできると思っていたからだ。しかし非常に専門的な業務なのだ。皆さん、熱心に勉強されていた。ビル清掃の責任者、マンションの管理人などの仕事が待っているらしい。私は、彼らの前向きな姿勢に感激した。いくつになっても勉強が大事なのだ。後ろ向きになっては、何事もお終い。みんな頑張っているんだ。

2 再雇用の壁

再雇用制度の活用か、定年退職か。フリーで生きる心得とは？

日本の会社のほとんどに定年制が設けられている。60歳で会社を辞めねばならない。体力、気力が十分でも、否《いや》が応でもサヨナラだ。

しかし政府が70歳まで雇用を継続するように「高年齢者雇用安定法」を改正、施行している。

それによると、70歳までの定年の引き上げ、定年制の廃止、70歳までの再雇用制度などの措置を講ずるように努めなさいとなっている。これは努力義務で、絶対にやらねばならないという義務ではない。

この制度で問題なのは、「はじめに」でも触れたが、65歳、70歳まで雇用するが、給料が半減または3分の1に減ってしまうことだ。

私の知人たちからも嘆きの声が聞こえる。

「仕事はたいして変わらないのに給料だけがガタ減りなんだよ。やる気が失せるね」と。

気力、体力、能力ともにある人材のやる気をなくさせているのだ。これはもったいない。

再雇用制度こそ能力に応じて報酬を支払うようにすればいい。安定法でも「70歳まで継続的に業務委託契約を締結する制度の導入」を勧めている。これは能力に応じて退職者と業務委託契約を結んだらどうかと言っているのだ。これは大いに検討の余地がある。

いずれにしても再雇用は、会社側が「働かせてやる」という態度ではなく、あなたの能力が会社には必要なので「働いてください」という態度になるべきだ。

日本は、超高齢社会に突入した。高齢者が社会の中心になるのだ。邪魔者にせず、働き手としてもっともっと活用していかざるを得ない。高齢者が楽しく、生き生きと働く社会を目指そう！なんて選挙演説みたいになってしまったが、正直に言わせてもらうと、小説家なんてまったく身分も生活も保障されていない私から見ると、再雇用されるなんて羨ましい！

多少給料が減った（多少ではない？）くらいでガタガタ言うな。

これくらいのことは言いたい。

昔、井伏鱒二先生のご自宅で、お話を伺っていた時のことだ。

私はどういうわけか井伏先生に可愛がられて、何度もご自宅にお邪魔していた。

「原稿料がちっとも上がらないねぇ」

井伏先生は、煙草のチェリーをふかしながら、テーブルに肘をついて嘆いた。

井伏先生ほどの文壇の大御所でさえ原稿料が上がらないと嘆くほど、作家というのは不安定な職業なのだと思ったものだ。

そんな職業に就いてしまった私は、なんとアンラッキーか。会社員は恵まれている。60歳で定年だと思っていたら、65歳まで、否、70歳まで働ける。

ラッキーだなぁ。羨ましいなぁ。世の中には非正規雇用で、いつクビになるかもしれないとビクビクしている人が大勢いる。また私のように原稿などの依頼が途切れれば、無職も同然の職業に就いているフリーの人も多い。おいそれと風邪もひけないんだ。これは辛いよ。

その点、ぼんやりしていようが、風邪をひこうが、関係なく仕事がある会社員はフリーの人にとって羨望の的《まと》だろう。子どもたちの将来なりたい職業に、ユーチューバーやサッカー選手と並んで会社員がランクアップしているくらいだ。

子どもは、世の中が厳しいという現実を知っている。

それでも「すまじきものは宮仕え」という言葉があるようにフリーになりたい人がいる。

よほど自分の技量に自信があるならフリーになればいい。何事も経験だ。やり直しがきくかどうかは知らないけど、なりたかったらなればいい。

突き放したように言うのは、外から見るほど甘くないから。

ソフトウェア開発でフリーになった友人は、うつ病になってしまった。コンピューターの世界は日進月歩。常に新しい技術を身につけておかなければ客の要望に応えられない。しかし年齢とともについていけなくなってしまった。そのため、追い詰められうつ病を発症してしまったというわけだ。

私は、勤めていた銀行を49歳で退職し、作家になった。

辞めたくて辞めたわけではない。生意気を言うようだが、順調に出世して役員への道も開けていたかもしれない。

しかし、退職を選択した。総会屋事件など世間を騒がす事件を起こし、その解決が道半ばでありながら他行と経営統合した挙句、大規模なシステム障害を起こしても反省のない経営陣に愛想をつかしたからだ。

このままいたら、私もあんな愚かで自分のことしか考えない経営者になってしまう気がしたのだ。

正直に生きたい。ただそれだけを願っていた。

私には何の専門性もない。海外勤務経験もない。英語もできない。コンピューターも操れない。無い無い尽くしの人間だった。

さらに銀行は退職条件として、銀行と関係の深い会社への転職禁止を挙げていた。

私は、作家になりたいと思っていたわけではない。しかし、在職中に『非情銀行』（新潮社）を上梓《じょうし》し、少し話題になっていた。

人生で小説は１冊書けるが、書き続けることは難しいと、ある作家が言っていた。

その通りだ。プロの作家になるには大変な才能が必要だ。注文に応じて書かねばならないし、また注文をうけるためにはある程度売れないといけない。

新人賞など各種の文学賞を受賞して、その才能が広く認められる必要もある。

私は、小説の賞に応募したこともなければ、受賞したこともない。こんな人間が作家になれるはずがないのだ。出版社から小説を書いて欲しいという注文があるはずがない。なければ作家と自称しているだけになる。

退職当時の家族構成は、妻と息子と猫。

彼らとの生活を守らねばならない。収入の当ては一切なかった。退職金はあったが、将来的には収入ゼロの可能性が十分にあった。あなたならどうする？

こんな状況で銀行を辞めるなんてどうかしている。高額収入を捨てるバカと言われるのは覚悟しなければならない。

普通なら辞めないで銀行に残るという選択をするだろう。その方が絶対にいい。給料が大幅に減少しようと、会社勤務というのは安定している。病気になっても会社が面倒を見てくれる。事故など、どんな不測の事態が起きても会社が守ってくれる。

フリーになると、名刺だけでは誰も会ってくれない。クレジットカードさえも作れない。日本は肩書が物を言う国だ。肩書が信用である。肩書が無いフリーは怪しい人間なのだ。

私は銀行を辞めてしまった。周囲は驚天動地。大騒ぎになった。

しかし事後報告した妻は、「あっ、そうなの」といたって無反応。後で聞くと、なんとかなるんじゃないのと思い、諦めたそうだ。

私は、必死に働いた。どんな仕事も受けた。不退転の覚悟があったお陰でなんとか今日まで作家という肩書で仕事ができているのだ。私の場合は究極のラッキーな例だろう。私を応援してくれる多くの人がいたお陰で、なんとかなったのだ。

フリーになれば、収入は不確定だ。それこそ生活保護のお世話にならなければいけないほどの水準に落ちることも覚悟しなくてはいけない。

再雇用で、給料が３００万円程度に落ちたとやる気をなくしている会社員もいるだろう。

しかしフリーになったら収入ゼロという年もある。友人のフリーライターは収入が少なくて、税金を払っていないから生活が可能だなんて嘯《うそぶ》いている。

収入が減ったら暮らしていけないと考えているくらいなら、会社にしがみつく方がいい。辞めても上手くいかないだろう。

収入のことばかり考えると暗い気持ちになって、フリーの生活なんかできるはずがない。

フリーというのは自由業だ。自由なんだ。自由こそ最高の価値だ、くらいに思えばいい。

65歳になれば年金を受給すればいい。ありがたみがわかるだろう。生活を切り詰めれば暮らしていける。世の中には、年金をもらえない人や、もっと低い年収で暮らしている人がたくさんいる。

フリーという自由を求めるなら、収入が安定しないことを覚悟すること。それができないなら、クビになるまで会社にしがみつけ。

3

専門性の壁

専門的能力がない人が生き残る術とは？

60歳を過ぎても健康な人は働きたいと思うだろう。

しかしよほど特殊な能力、技術がない限り、60歳過ぎの人を雇う会社なんかあるものか。そのように自覚すべきである。頭も体も固くなり、まったく柔軟性を無くした高齢者を好んで誰が雇うものか。すべてはそのような厳しい現実認識に立ってから考えよう。

甘い幻想を抱いていると、絶望が深くなり、不満を抱いてひきこもることになる。

ネットの世界で、ネトウヨと言われたり、他人を誹謗中傷したりすることに喜びを見出す人間が増えているが、ある調べによると、それらには高齢者が多いらしい。

そんなくだらない人間になりたくなければ、自分は世の中に期待されていないのだ、それが現実だと認識を深めるべきである。

職業安定所の担当者が言っていた。

「50歳を過ぎたら毎年10％ずつ求人が減る。60歳では丁度ゼロ。65歳ならマイナス50％」。

この説が本当なら、職業安定所に行くにしても、希望する仕事が見つからないという前提で行くべきである。

以前の仕事よりも高給が欲しいなどとはゆめゆめ望まないことだ。

ではどうすればいいのか。

仕事はないと言ったが、どんな仕事でも選ばないというのなら見つかるかもしれない。

肉体を酷使する仕事かもしれないし、意に沿わない仕事かもしれないが、生活できるだけの収入は得ることができるだろう。これらは「仕事」というより「労働」と言った方がいいかもしれない。「仕事」というのは、より自主性、創造性が感じられるが、「労働」とは意に沿わなくても時間で自分を切り売りしている印象がある。

ところで最近は、リスキリングやリカレントと言って「学び直し」がちょっとしたブームだ。高齢者再雇用の流れや、ＤＸの広がりでデジタル人材の需要が非常に高くなっているからである。

猫も杓子《しやくし》もＤＸ人材にしようと政府も応援しているが、どうかと思う。

しかしたとえ60歳過ぎで再雇用となっても会社が費用を支援してくれてリスキリングできるなら、それに甘えるのもいいだろう。

60歳を過ぎてから、個人の立場でリスキリングしてDX人材に生まれ変わるのはなかなか難しい。もちろん、できないことではないが……。いずれにしても専門性があれば、それに見合った仕事が見つかるだろうが、高齢者になってから資格を取得しても、それを仕事に結びつけるのはなかなか大変だ。

例えば弁護士や公認会計士、税理士などであればなんとかなるかもしれない。

しかしそれらの資格で仕事をしている高齢者は、資格を保有して企業や官庁に勤務し、定年後に独立した人が多いのではないだろうか。定年後に一念発起して、弁護士資格を取得した人は寡聞にして知らない。

先に述べた私の知人は55歳から勉強して司法書士や行政書士の資格を取得して、事務所を開いた。あっぱれと言いたい。彼は、かなり例外的だろうと思う。

では、専門性がない人はどうしたらいいのか。

60歳過ぎから仕事を見つけるのは人脈しかない。会社に30年も勤務していれば、多くの人脈があるだろう。それを見直してみようじゃないか。

溜まった名刺を整理してみよう。その中に1枚か2枚は、懐かしくて一度会ってみたいという人がいるはずだ。それがあなたを待っている人の名刺である。名刺があなたを呼ぶのだ。思い切って連絡を取ってみよう。

「ご無沙汰しております。実は定年になりまして」

「そうですか。それはおめでとうございます。是非、一度お会いしたいです」

彼は答えてくれるだろう。

そうなればしめたもの、彼はあなたにふさわしい仕事を見つけてくれるはずだ。

そんなに上手くいくはずがないなんて思わずに、やってみよう。門は、叩かないと開かないのだ。

たとえ彼が提示した仕事や条件が意に沿わなくても、ありがたく引き受けるのだ。断ったらダメだ。その仕事を誠実にこなすことで、次々と道が開けてくる。

友人は、銀行を定年退職後、銀行の斡旋である会社に再就職した。銀行は優良企業だと言っていたのだが、実は倒産寸前だった。騙されたと怒った彼は、一度は辞めようとした。

しかし考えなおした。これも何かの縁である、必死に働こう、と腹をくくった。

社員が嫌がる倉庫の掃除など自分が与えられていない仕事も、どんなことでも嫌がらずに真面目に励んだ。

そんな彼を見て社内の空気が変化し始めたのだ。

銀行から来て、偉そうにするだけだろうと思っていた彼が、一番働くのだ。

他の社員たちも、彼に刺激を受けて働き始めた。すると沈滞ムードだった社内に活気が戻り、いつの間にか会社はボロ会社を脱し、優良会社に変わっていた。

彼は、再建の腕を見込まれ、その後は多くの会社の顧問などを務めるようになった。

「何か特別なことをしたわけじゃない。プロパー社員に、定年後の転職組でもこれくらい真面目に働くんだぞってところを見せただけだよ。人の嫌がることを喜んで、楽しんでやること、これしかないね」

彼が語った会社再建の極意だ。

彼のケースを滅多にない夢物語だと思うだろうか。

そう思ったら、ダメだ。夢は、追いかける者にとっては夢ではない。それは実現すべき目標なのだから。

最後にもう一度、念を押しておきたいが、60歳、65歳で意に沿う仕事はない。

企業は、そんな高齢者より若い人を採用した方がいいのだから当然だ。

この現実をしっかりと自覚し、本気で納得できたら、仕事は向こうからやってくる。その時、来《きた》るものは拒まずの精神で引き受けるのだ。

4
再就職の壁
「貯金」より「貯人」

60歳を過ぎて、やりがいがある仕事に就けることはまずない。

そもそも仕事があるかどうかもわからない。

かつて職業安定所で聞いた話は、今も真実だろう。

それは「50歳を過ぎると、毎年10％ずつ求人が減って来る。ということは60歳でゼロ。60歳で仕事を探そうとしても無理だ」という話だ。

これが現実だと思うべきだ。

もし意に沿わない仕事、例えば工事現場の警備などの仕事しか見つからなかったとしても、それが現実なのだ。そしてその仕事に応募した場合、思いの外、競争が激しいことに驚くだろう。

専門性がない、キャリアがそれほどでもない人には仕事はない。どうしても働かざるを得ないならば、仕事は選べない。

しかし、ここで考えてみよう。やりがいとはなんだろうか。給料が高いことだろうか。それとも見栄えがいいことだろうか。そうではないだろう。

若い頃は、給料や見栄えなどに魅力を感じていただろう。しかし60歳を過ぎれば、それではいけないのではないか。もっと人生の喜びを感じられる仕事、もっと人の役に立つ仕事に就くのがいいのではないか。

人の寿命は、神のみぞ知る。60歳を過ぎても100歳まで、まだ40年もあるなんて考えていたらいけない。明日にも寿命が尽きる、隠れていた病気が発見される、そんなリスクが日々増幅していくのが60歳以降なのだ。

60歳という年齢を考えれば、仕事を選ぶ基準を、人を喜ばせるということに変えたらどうだろうか。

私の友人は銀行の支店長を経験し、関係会社の役員をしていた。

彼は今、小学校の用務員をしている。何十人、何百人もの部下を使っていた彼が、である。

用務員が悪い仕事だと言っているのではない。しかし、多くの部下を持ち、専用の車を貸与され、秘書もついていた彼が、作業服を着て、校庭の掃除などをしているのだ。

私は、彼に「どうして？」と聞いてしまった。

彼は、「たまたま募集していたので応募したら合格したんだ」と嬉しそうに答えた。「もう、この歳でスーツを着て働くのは嫌になったんだ。植木の剪定《せんてい》などの趣味もあったからね」とも。

今、彼は、植栽を剪定したり、トイレを掃除したりなど、子どもたちの快適な学校生活のために働いている。

「楽しいんだ。先生、先生って言われてね」

彼は、笑顔だ。

給料は高くない。作業服が汚れたり、暑い日には汗だくになったり。見栄えも決していいとは言えない。

しかし、彼はやりがいを感じて仕事の手は抜かない。きっと彼のことだ。いろいろな工夫や提案をして、学校をよりよく変えていくに違いない。

ある編集者は、マンションの住み込み管理人になった。

彼が管理するのは、東京郊外にある部屋数が１００以上もある大型マンションである。

「マンション管理は大変だけど、面白いよ」

彼は言った。彼は電気工事関係の資格を取り、ビル清掃のノウハウも学んで、管理人の仕事に就いた。大型マンションともなると、住む人も様々だ。

「毎日、トラブルが起きて、忙しい。でもそれが面白い。刺激的なんだ」

彼は愉快そうに言った。

「どうして編集者を辞めたのか？」

私の質問に「編集者の仕事も面白かったけど、60歳を過ぎたら、第二の人生をまったく違う分野で働きたかったのさ。体を使う仕事がいいと考えてね」と彼は答えて屈託がない。

私は、彼がそのうちマンション管理人が登場する小説を書いて、小説家デビューするのではないかと想像している。

彼を見ていて、銀行に入行した時の独身寮を思い出した。

大阪の高槻という街にあった。大きな独身寮で２００人もの男性が住んでいた。

管理人さんは中年の男性で、奥さんと娘さんの３人で住み込んでいた。

娘さんは美人だった。

餅つき大会で、彼女に丸めてもらったあんこ入りの餅の美味しさを、今も思い出す。

彼女は、他行の行員と結婚したが、娘さんはもちろんのこと管理人さんご夫婦も素晴らしい方だった。

若い銀行員の良き相談相手だった。私たちの健康のために、食事には特に気を配っていた。残業続きで、独身寮で夕飯を食べないでいると、支店長に残業を減らすように文句を言ったり、酔っぱらって遅く帰宅すると、門のところで叱られたり……。

管理人さんが、どのようなキャリアだったのかは知る由もないが、いろいろな人生経験を積んできていたのだろう。

友人の元支店長、元編集者、そして管理人さん。彼ら三人に共通するのは、どんな仕事もやりがいがあるかどうかは、その仕事に対する考え方、取り組み方次第だということだ。

人に喜んでもらう、人の役に立ちたい――そんな思いが彼らのやりがいにつながっているのではないだろうか。

60歳になるまで、やりがいのある仕事に就いていなかったり、またはそれまでの仕事に疑問を感じていたりするならば、60歳は人生を「チェンジ」するチャンスだと考え、新しい自分になればいいのだ。

思い出して欲しい。60歳までの仕事で、客に感謝されたこと、上司や仲間と一緒になって困難を乗り越えたこと――いろいろなことを心に浮かべてみよう。

心を震わせるような、やりがいを感じた記憶が鮮明に思い出されれば最高だ。それが「チェンジ」するスタート台になる。そこから思い切りジャンプすればいい。

過去にやりがいを感じた仕事に少しでも近い仕事を探せばいいのだ。お金のためではない。見栄えのためではない。周囲の人から聞こえる雑音など、気にすることはない。

自分の心に素直に問いかけてみよう。そうすると、おのずと今から歩むべき道が見つかるだろう。

焦る必要はない。お金をかけて資格を取得する必要もない。

あえて言えば「友人と語らう」ことだ。

友人との関係を見直し、深めるのだ。

私の小説『我、弁明せず』（ＰＨＰ文芸文庫）の主人公である三井の大番頭、池田成彬《せいひん》は、「貯金より貯人」と言った。

人生で頼りになるのは「人脈」だというのだ。

それも利益で結びついた関係ではなく、まったく「素のままのあなた」を認めてくれる友人が一番頼りになるというのだ。

彼は、ある財界人から、もっと財産を、金を作れとアドバイスされる。しかし、彼は、それに対して金儲けや貯金よりも人との関係を作る「貯人」に投資していると答えた。「貯人」すなわち「人脈」である。

「貯人」に励んだお陰で、戦前の厳しい時代を、彼は暗殺もされずに生き残ることができたのである。

やりがいのある仕事に就くために必要なものを一つだけ挙げよと言われれば、「貯人」だろう。

仕事上の立場などは関係なく「素のまま」の自分を認めてくれる友人と、忌憚《きたん》なく第二の人生を語り合えばいい。必ずいい結果が生まれるだろう。

5 プライドの壁

無用なプライドや見栄を綺麗さっぱり捨て去る方法

「私は、○○会社に勤務していましてね。中国で、アメリカで、こんな事業をやったんですよ。××大統領や△△首相とも懇意にしていましてね」

こんな自慢話を得々とする人がいる。

誰もが「それはすごい」と聞き入っているが、それは振りをしているだけ。

「いつも同じ話をして、ほかに話すことがないのかよ。プライドばかり高くてうんざりだ」

聞いている人の本音は、そんなところだろう。

ピノキオの鼻がぐんぐんと伸びている。誰かがへし折ってやればいいのにと思いながら、皆、聞いているのだ。本人にはそれがわからない。

定年後は、プライドを捨てよう。これが豊かに楽しく生きるコツだ。

まず何もかも自分でやる癖をつけるのだ。コピーさえ上手く取れない人に、定年後のサバイバルは不可能だ。

例えば国民健康保険への加入手続き。

こんな簡単なことさえ面倒くさいと思う人はダメだ。

退職時、会社が提示してくれる書類を当該健保などに提出すれば、会社の社会保険の任意継続が可能だ。それをしないなら住所地の役所で、国民健康保険の加入手続きをすればいいだけだ。難しいことではない。

会社を辞めれば、今まで会社任せにしていたことを、すべて自分でこなさねばならない。時間はたっぷりある。一つひとつ自分でこなしてみようじゃないか。

その過程で、退職した実感が湧いてきて、これからは会社の後ろ盾なく生きていくんだという気力が漲《みなぎ》ってくるだろう。

まずやってみたらいい。誰にも叱られないし、ノルマもない。退職後の人生の覚悟を決める時間だと思えばいい。

国民健康保険になれば、会社のブランドを使えないのが寂しいと言う人がいる。自分がおかしいことを言っていると気づかないのか。

会社を退職したら当たり前じゃないか。いつまでも過去を引きずっていてはダメだ。「下手のプライド休むに似たり」。さっさと過去の栄光、プライドを捨ててしまおう。

私が退職した際、ある友人から貴重なアドバイスを受けた。

「かつて銀行で、それなりの立場にあったなどという過去を引きずっていては前に進めませんよ」

彼は、私に忠告した。

多くの退職者が、「昔はこんなに偉かった」「昔はこんな成果を上げた」「今のトップは私の後輩で、私が育てた」などなど過去の栄光を語り、それに浸る。

過去のブランドをいつまでもぶら下げていたいのだ。他の人から見ると、ブランドは、すっかり色あせているのに、本人はいつまでも金ぴかだと信じてやまない。

他人から見ると、哀れという言葉がふさわしい。

そうしていないと、他者と自分を区別できないのだろう。自分は、あなたがたと違うんだと思い続けたいのだ。

「私は、大丈夫です」

私は彼に答えた。

過去にすがって生きようという気はまったくなかった。

勤務していた銀行の上司にも、仲間にも会わない。世話にも絶対にならない。私の意地だった。銀行を憎んでいたわけではない。作家というフリーの人生を選んだ以上、当然のことだ。甘い考えでは生きていけない。

過去は、思い出で十分だ。

退職後は、新しい自分になることに心を躍動させたい。

元の勤務先のブランドをどれだけ早く捨てられるかが、その後の生き方を決定づけるのではないだろうか。

過去を振り返らない。これが退職後の人生の生き方の基本原則だ。

私は退職後、運よく作家として自立できた。

そのため失業保険を受給することはなかったのだが、職業安定所に行った経験はある。

私は、求職申込書に記入して窓口に提出した。

係員が、それをじっと見ている。私は緊張して何を言われるか待っていた。

係員は、私をジロッと睨《にら》み、「支店長（銀行で２か店の支店長をしていた）は何をやるのですか？」と聞いた。

「支店をマネジメントし、業績を上げることです」

「マネジメントねぇ？　人事部にいたとのことですが、具体的に就業規則や社員の福利制度を作った経験はありますか?」

「ありません」

「不良債権の回収と記入していますが(暴力団などから不良債権を命がけで回収したのは、私の勲章だった)、法的な知識はありますか?」

「ありません。弁護士に協力を仰ぎました」

だんだん雲行きが怪しくなる気配を感じた。

「この求職申込書に書いてあるのは、あなたの経歴であり、どんなスキルがあるのかわかりませんね。もっと具体的に記入してください」

「書き直すのですか?」

「お願いします」

係員は、私に求職申込書を差し戻したのである。

屈辱感で胸がいっぱいになった。

私は、ゼネラリストとして育てられた。支店から本部の企画部門、人事部や広報部門を渡り歩き、総会屋事件では大いに銀行の再建に向けて働いたという自負があった。

しかし専門性、スキルは?と問われると、首をかしげざるを得ない。

最近はジョブ型人事制度の普及により、スキルの可視化が進んでいる。

自分にどんなスキルがあるかをデータ化すると、ＡＩが人事を決めてくれるところまで進んでいる会社もあると聞く。

私は、長く人事部に所属し、人事異動を担当していたが、スキルなんて考えたことがなかった（自分にないのだから当然である）。誰と誰とが相性がいいとか、よく頑張っているからステップアップさせてやろうとか、この人間は元気だから困難な現場も大丈夫だろうなどという、私の勝手な思い込みで人事異動を行っていた。

それが職業安定所で自分自身のスキルを問われてしまったのだ。

私は再度、記帳台にもどり、求職中込書を書き直した。

私の周りには、求職中込書を睨みながら、鉛筆を走らせている中高年が何人もいた。

彼らも、自分のスキルを改めて問い直しているのだろうか。

否、もしかしたらフルスペックのスキルを持ち、堂々と記入しているのかもしれない。

再提出した求職中込書を係員がじっと見つめて言った言葉は、今も忘れられない。

「頭を切り替えなさい」

衝撃を受けた。しかし怒りは覚えなかった。

私は、自分の銀行員時代の実績を過信していたことを自覚させられた。反省した。

この「頭を切り替えなさい」という言葉は、その後の私の人生に非常に効果的だったと思う。

私は、少なくとも謙虚になったのだ。

以前のことになるが、韓国のサラリーマンを取材したことがある。

彼らは、日本人の私に「日本は天下りがあるからいいなぁ」とため息交じりに言った。

韓国は1997年のアジア通貨危機の際に、国が破綻しそうになった。国民は国家財政を救うために宝石や貴金属を拠出したり、売血をしたりと大変だった。

その時以来、会社の合理化が極端に進み、それまであった微温的な天下りや年功序列制度が崩壊したのである。

机の前で鼻毛を抜くようなうかうかした態度をとっていると、40歳くらいで会社からリストラを迫られる。若い連中にポストを奪われる。彼らはどこにも再就職できない。それで家にいたら奥さんに邪険にされるため、近所の小高い山に弁当を持って登るのだ。

「山で会おう」

これが退職時の挨拶だ。大企業や国家公務員など、エリートほど悲惨な目に遭っていた。

なまじプライドが邪魔するために、中小企業に転職できないからだ。

転職できない彼らは、少ない退職金を元手に唐揚げ屋を開店する。

「チキン屋（唐揚げ屋）が多いのはそのせいです」と退職した会社員が教えてくれた。

私は笑えなかった。日本の近未来の姿を見た気がしたからだ。

あれから数年が過ぎた。日本も天下りなんて言葉は死語になりつつあり、街には唐揚げ屋が増えた。韓国の会社員の厳しさを今、日本の会社員が味わっているのだろう。

韓国の会社員も「頭を切り替えて」、仕事を選ばず、退職後の人生を逞《たくま》しく生きようとしている。日本人も頑張らないといけない。「頭を切り替えて」、自分の足で立って歩け。

6 やる気の壁

仕事をしないのも選択肢の一つ

銀行を辞めて気づいたことの一番は、満員電車に乗ることがいかに苦痛であったかということだ。

自宅を事務所代わりに仕事を始めると、電車に乗ることはない。

たまに取材などで早朝の電車に乗ることがある。懐かしいなどという気持ちになることはない。ドアが開くと、乗客が吐き出されてきて、入れ替わりに私は、乗客に背中を押されながら、電車内に入る。

痴漢に間違われては大変とばかりに両手でつり革を摑む。真夏に汗臭い男が近くに立つと、鼻が曲がってしまう。冬だと、厚着した乗客に圧《お》されて、息も満足に吐けない。

よくぞこんな電車に乗って通勤しながら、精神のバランスを保っていたものだと我ながら感心する。

もう嫌だ。絶対に嫌だ。

会社を退職したのに再雇用に応じたり、新しい職場に移ったりした人も、一番嫌なのは満員電車だと聞いたことがある。

私と同じだ。

しかし二度と乗りたくないと思っていたのに、また会社へ行くために乗らねばならない。これが嫌で、再就職先も長続きしない人がいるのではないだろうか。

でも稼がねば、暮らしていけない。現役時代の貯《たくわ》えだけで、１００歳まで無事に生きられるほど世の中は甘くない。諦めて、満員電車に乗る。

何歳まで生きるかを計算して、年間どれくらい貯金を使うかを計算した友人がいる。

しかし、これほどの低金利が長く続くとは考えもしなかったこと、そして自分が長生きしそうであることなどで計算通りにはいかないと苦笑いしていた。

彼は毎年、再計算するのだが、貯金は減る一方。利息は付かない。これからどうするか、正念場を迎えている。

貯金が無くなったからと言って自死するわけにもいかないだろうから、心配にはなるが、根が楽天的な男なのでなんとかするだろう。

彼のように、定年を迎えたら働きたくないという人がいるが、本当にそう思っているのだろうか。

本当に何もかも忘れたい。認知症になってもいいから、会社員時代のことを忘れたいと、携帯電話もパソコンも持たない友人がいる。こちらから連絡を取る手段は、固定電話である。それも留守番電話にメッセージを入れるのだ。

何も言わないが、会社員時代に相当嫌な思いをしたのだろう。

彼は、徹底した節約で暮らしている。仕事はしない。ゴルフや散歩などで時間を潰し、気が向くと昼間から酒を飲む。

彼は、相当頑張って働いてきたのだろう。そしてそうした暮らしを考えて、ちゃんと貯金もしてきたのだろう。

60歳までに貯めた貯金で残りを暮らすとなると、当然、貯金が減る。殖やそうとするなら株や投資信託、不動産などに投資する以外には方法がない。でもこれらは当然のことながら元本が毀損《きそん》する。特に今日のように経済状況が不安定だとなおさら心配だ。それになによりも株価などに一喜一憂することが面倒くさい。それくらいなら再就職した方がましかもしれない。

働きたくないなら、働かないことだ。

なぜ働くか。それは生活のため。それしか目的がないなら、働かないでどこまで行けるかやってみたらいい。これは新しい生き方かもしれない。

働かないでじっとしているうちに、金を稼ぐだけが働くことではないと気づくかもしれない。

人を喜ばせ、人を幸せにするのが仕事だ、と気づくことがあれば、そこから働き始めても遅くない。本当の働く喜びを感じるかもしれない。そうなれば満員電車にも喜んで飛び乗れるだろう。

7 「働く意味」の壁

60歳からは、自分の楽しみのための働き方がすべて

人生、１００年。こんなこといったい誰が言い出したのだろうか。

１００年も健康で生きられたら、その後ぽっくりとこの世とおさらばできたら、それは幸せだろう。

厚生労働省の令和３年（２０２１年）の調査（介護給付費等実態統計）によると、要介護の認定割合は、40歳から64歳で０・４％、65歳から69歳で２・９％、70歳から74歳で５・８％、75歳から79歳で12・７％、80歳から84歳で26・４％、85歳以上では59・８％である。

年齢が上がれば、急激に介護が必要となる。当然のことだ。ある学者は、１００年も生きれば、99％が認知症になると言っていた。

将来的に日本が財政破綻するとすれば、その原因は戦前なら軍事費だっただろうが、今なら介護費用になるのではないだろうか。

これは中国も韓国も、その他の国も皆同じ。日本と同じように介護費用で破綻する道を歩

むことになるだろう。

戦争なんかしている場合じゃなくなるかもしれない。それはいいことだが、一方、日本の高齢男性の就業率は、先進国の中でも高い方だ。

総務省労働力調査（令和３年〈２０２１年〉）によると、男性の場合、55歳から59歳の就業率91・０％、60歳から64歳では82・７％、65歳から69歳では60・４％、70歳から74歳では41・１％、75歳以上は16・１％である。

内閣府の「高齢者の日常生活に関する意識調査」（平成26年〈２０１４年〉）によると、60歳以上の男女（現在仕事をしている人が対象）の42％が「働けるうちはいつまでも」働きたいと答えている。

それにしても皆、働いているし、働きたいのだなぁと感心する。

ある経済学者によると、日本人は年金支給減額の心配があるので高齢者が働くと言っている。

だから少子高齢化社会になり、労働力不足が懸念されるなら、年金支給額を減らし、働かざるを得ないようにすればいいと言う。

そんなことをしたら国民が黙っていないと思う。だが日本人は真面目で、財政が大変なら年金支給額を減らされても仕方がないと思う人が多い。

私は、日本の高齢者が働くのは国民性だと思う。若いうちにたくさん稼いで、アーリーリタイア（早期退職）したいと思うより、働くことに価値を見出す国民性なのではないか。

かつてＦＩＲＥ（Financial Independence, Retire Early）が流行っていた。経済的自立を果たして早期リタイアするライフスタイルだ。

株などで稼いで、会社勤めから解放され、自由な時間を過ごすなんて羨ましいと、マスコミでもてはやされた。私は、少しも羨ましいとは思わなかったが、最近、このブームは去ったらしい。昨今の不安定な経済状況を反映して株などが暴落し、貯えが減ってしまったことが大きな原因だが、家に閉じこもってＤＶＤや動画を見て暮らしていても退屈でどうしようもなくなったからだそうだ。

やはり多くの人と顔を合わせて、働く方が楽しいと考え直すようになったのだ。

人間とはホモ・ルーデンス（遊ぶ人）ではないのか。否、仕事も楽しければ、遊びのようなものだ。他者と競ったり、工夫したり……。遊びの要素がなければ、仕事は楽しくない。

何はさておき、働けるならいつまでも働けばいいのではないだろうか。何歳までなんて期限を切るのは無意味だ。

私は作家だ。これは原稿を書くのが仕事。出版社などから注文があれば、定年はない。何歳までも書き続けられる。１００歳まで元気でいたら、『１００歳最高！』なんて本を書けばベストセラーになるだろうか。

画家、音楽家、俳優、落語家などフリーで仕事をしている人には、定年はない。体を維持し、健康である限りは働き続けられる。農業など第一次産業に従事している人も同じだ。おばあさんやおじいさんが楽しそうに農作業をしている姿にはなんとなく癒やしさえも覚える。

働くのに定年があるのは会社の都合である。いつまでも高齢化した社員を雇い続けることは経営のリスクだからだ。作業効率が低下し、社内組織の新陳代謝が進まないと考えられているからだ。

そもそも働くことは、人が社会と積極的につながることの助けになる。ある人類学の本によると、子育てに時間のかかる人類は、助け合うことで厳しい時代を生き抜き、今日の繁栄を成し遂げたのだと言う。協力し合うことが、働くことの意味なのだろう。

働けるならいつまでも働いていい。ボランティア的な仕事でもいいではないか。

社会の役に立っているという自覚が、あなたの命を燃やし、健康を維持してくれるだろう。友人は87歳だが、今も中小企業の経営者として第一線に立っている。いい加減に息子に譲って引退しろと周りから忠告されているらしいが、聞く耳を持たない。老害と言われても気にしない。彼の口癖は「まだまだ息子には任せられない」である。これでいいのではないだろうか。確かに問題も多くあるかもしれないが、おのずと若者と高齢者の間で棲み分けができるはずだ。

働くことは苦痛ではない。喜びなのだ。そう考えれば期限など考えずに働くことができるだろう。では喜びととらえるためにはどうすればいいのか。

60歳からは、自分の楽しみを優先して、わがままに仕事をすればいいのだ。

会社の再雇用で働くにしても、給料のためではなく、どうしたら楽しくなるかを考えよう。

時には、会社から叱られることがあってもいいではないか。叱られてもあなたが楽しければいい。あなたが楽しければ、お客様も楽しいはずだ。

会社に勤務していても、自由人のように、はたまた笑顔で野菜を作っている人のように楽しく働こう。

8
成功への壁
大きな成功より、小さな成功の積み重ねが経済を支えている

定年後はどんな生活をすればいいのだろうか。

朝、目覚めると、優しい妻が朝食を作っている。熱いコーヒーを飲みながら、妻に、今日はどこに行こうかと尋ねる。あなたの行きたいところなら、どこへでもついていきますわ、と妻がほほ笑む……。

そんな生活があるわけない。会社に行かずに、家にいて、「メシ、フロ」などと言っていたら、奥さんに追い出されかねない。

本当に粗大ゴミの瀬戸際にいるのが定年男性である。

トルストイが、「すべての幸せな家庭は似ているが、不幸な家庭は、それぞれ異なる理由で不幸である」と言っているが、定年後の生活の不幸もそれぞれである。

貯えが老後を過ごすには少なかったり、病気がちであったり、仕事もストレスフルであったり……。

でもいいじゃないか。すべて受け入れよう。

私は、老後という観点でとらえられない生活をしている。作家というのは、いつでも新しい作品を生み出さねばならない。好奇心のアンテナを高く張り、いろいろな情報に感度よく反応しなければならない。失敗もあった。

日本振興銀行という中小企業専門銀行の社外役員から社長になった。ならざるを得なかった。多くの問題があり、経営再建するか、破綻処理するかの瀬戸際だった。この問題を処理しなくてはならなかったのだが、前社長が逮捕されるなど、経営が混乱していたのだ。結局、日本初のペイオフが実施され、銀行は破綻した。私は、しんがりを務め、破綻処理を担った。その後、落ち着く間もなく巨額訴訟に追い詰められた。

不幸を呪った。不真面目な生活を送ったわけではないのにどうしてこんなひどい目に遭うのか、と。でも、不幸を呪っても、悔やんでも現実を受け入れざるを得ない。

死ねば楽になれるかと思ったこともあった。

しかし、「人生、無駄なことはない」と自分勝手な格言を考え、自分に言い聞かせたのだ。私を襲った不幸を受け入れたことで気持ちが楽になった。

私は、作家である。作家というのは、天下の王道を歩いているわけではない。人の歩かない獣道《けものみち》、坂道、茨の道などを歩いている者だ。いわば世間からはじかれた者である。

だから、どんな不幸も無駄にはならないのである。

なんとか不幸を乗り切ったが、その不幸が私を成長させたなどとおこがましいことは言わない。できれば不幸は無い方がいい。私だけが不幸になったわけではないだろう。

定年後には絵に描いたような幸せは待っていない。実際は、それぞれの不幸があるのが現実ではないだろうか。

家庭、お金、仕事、子ども、介護などなど。私たちの周りには不幸の種がいっぱいある。

しかしそれらを不幸と見るのではなく、諦めでも構わない、「これも人生だ」と受け入れ、歩みを止めないことが、幸せな定年後というべきだ。

不幸の種となる家庭もお金も子どもも見方を変えれば、幸せの種になるではないか。

例えば、定年後に粗大ゴミ化しないように気遣い、家事を手伝えば、家庭は円満になる。

こうすれば人間関係が円滑になるのだと家庭が気づかせてくれるだろう。

ちょっと話は変わるが、「経済」とはそもそも「経世済民」であり、世の中を治め、人民の苦しみを救うこと。

だから、経済が発展することは不幸な人が少なくなることなのである。

ところが現在はどうだろうか？　経済が発展すればするほど、人々は不幸になっているのではないか。格差が拡大し、働いても働いても豊かになれない人がいる一方で、働かなくても親の財産などで豊かに暮らす人もいる。

世界中で工場が稼働することで地球環境は汚染され、動物や植物は死に絶え、その結果、人間さえも生存が難しくなっている。

こうした現実を変えようと多くの人が頑張っている。

人々は、なんとかこの世界をよくしようと、身近なことで言えば、家庭から排出するゴミを減らしたり、節電に努めたり、いろいろな試みをしている。

こうした個々の、小さな試みが世の中を改善していく。

経済も同じだ。人々の小さな努力の積み重ねがなければ、まともな経済とは言えない。

このことを私たちの仕事に当てはめてみると、仕事の中に喜びを見出すためには小さな成功体験を積み重ねることが必要なのである。

初めて支店長になった時、多くの部下がいた。男性、女性、総合職、一般職、特定職、庶務職、パート、アルバイトなど性別も職種もバラバラ。そんな彼らを育てるには、どうしたら一番効果的かと考えた。

私の前任部署は人事部。そこには部下を無能呼ばわりしたり、役に立たないから交代させろと文句を言ってきたりする支店長が多く訪れ、閉口したことがあった。

部下を育てるのが支店長の仕事ではないのかと、私は文句を言う彼らに反論した。

実際に支店長になり部下を持った際、彼らに欠けているのは成功体験である、それも小さな成功体験である、と気づいたのである。成功体験の積み重ねが、部下の成長には欠かせない。そこで部下と一緒に会社訪問をし、ニーズを聞き取り、取引に結びつけた。

こうした取引獲得の一連の行動を部下とともに行い、一緒に喜んだ。成功体験は、どんな小さな取引獲得でもいい。一緒に喜ぶことが大事なのだ。

これによって部下は間違いなく成長する。褒められれば自信がつき、今度は、部下は自主的に取引先を開拓しようとする。どんな小さな成功でも「よくやったなぁ」と心から褒め、一緒に喜べば、彼らは仕事が楽しくなって成功体験の良き循環が始まる。

おそらく経済の発展というのも、このような小さな成功体験の積み重ね、小さな喜びの積み重ねだろう。経済を動かしているのは人間なのだから。定年を迎える人が、その後の人生を楽しく豊かな気持ちで過ごすには、小さな成功に喜びを覚えることだ。現役時代は大物狙いだったかもしれないが、その姿勢を改めることだ。

第2章

世間と関われば、自然にお金は得られる

1
給料減少の壁
死ぬまでに全財産を使い切る

日本の会社には役職定年などというバカげた制度がある。

早ければ50歳、一般的には55歳になればポストオフと言われ、せっかく獲得した肩書を無理やりベリベリと剥がされる。本人の意向も何もあったもんじゃない。

私の友人の娘さんが結婚したのだが、友人はせめて結婚式まで「部長」の肩書をつけていたかったと言っていた。しかし無慈悲にも結婚式当日は「元部長」になっていた。

芥川龍之介が『侏儒《しゅじゅ》の言葉』で「なぜ軍人は酒にも酔わずに、勲章を下げて歩かれるのであろう?」と疑問を呈しているが、会社員の役職の肩書は軍人の勲章とは別物である。数十年も、社内の理不尽、取引先の罵《ば》詈《り》雑言《ぞうごん》、同僚からの嫉妬などなど、人生のあらゆる苦難に耐え、一歩一歩昇ってきた会社員人生の証しなのである。一時的な論功行賞ではない。重みが違う。

などと考えているのは本人だけで、会社側は役職など「屁」とも思っていない。

役職定年になると、会社は肩書を剝奪するだけでは飽き足らず給料までガクンと下げてしまう。現役時代の半分ならまだいい方で、3分の1にまで下げるところもある。

私の友人の敏腕新聞記者は、60歳までの年収1000万円以上が、半減してしまった。仕事は？と問うと、前と同じ。なんじゃそりゃ！と言いたくなる。

彼ばかりじゃない。役職定年となった仲間たちは、全員が全員、仕事への意欲も半減、給料も大幅に減ってしまった。

これらの制度は、会社にとっては組織の新陳代謝のために必要だと考えているのだろうが、「働かせてやる。嫌なら、辞めたらいい」という上から目線が、なんとも言えず嫌らしい。

私は、役職定年になった人にこそ、ジョブ型雇用制度（職務やスキルに応じた人を採用する雇用制度）を適用すべきだと思う。彼らの経験やスキルをリスペクトして雇用し、適切な報酬を支払うのだ。

日本の将来を考えても彼らの意欲を高める雇用制度が絶対に必要だ。ますます少子高齢化する日本社会の未来を考えれば、高齢者が意欲的に労働市場に参加しなければ、社会の存立さえ危ういと思う。

とにかく50代なんてまだまだ若い。役職定年というバカげた制度をなくすべきだ……と、私がどんなに吠えても、この国はなかなか制度を変えないから、役職定年で給料がガタ減りすれば、その後の生活に不安を覚えるのは当然のことだ。

じゃあもっと高い給料を求めて転職するかと考えても、中小企業の製造業などに勤務していて手に職、すなわち技術があるならそれなりの給料で雇ってくれる会社が見つかるだろう。

しかしいっぱしの大企業で新しいことを覚えようとせず、偉そうにふんぞり返っているだけで高給を食《は》んでいたゼネラリスト社員はどこも必要としていない。それが現実だ。ゼネラリストとはゼニにならない人なのだ。俺は偉い！偉かった！などというゼニにならないプライドを捨てろ！　ここからすべてがスタートする。

さて給料が減って生活を維持できないのは本当だろうか。

貯えはないのか。いったいどれくらいの貯金や債券、株券があるのか。自宅は持ち家か。自分の財産を丁寧に書き出してみよう。

役職に就いていたのだから、そこそこの給料はもらっていたはずだ。まさか究極のキリギリス的生活を送ってきたわけではないだろう。持ち家もあるだろう。

日本の持ち家比率は、全年齢で61・2%、60歳以上なら79・8%（平成30年〈2018年〉の総務省住宅・土地統計調査）である。

一生借家がいいという考えの持ち主は例外として、60歳以上の約8割が自分の家を持っている。雨露をしのげる家があり、なんとか生活ができる給料が会社から支給される。さらに65歳になれば（60歳からでも支給されるが）毎月15万円程度の年金も入ってくる。万々歳じゃないか。仕事も暇。これ以上、何を望むんだ。このようなポジティブ思考に頭を切り替えよう。

えっ？　無理だって？

子どもの学費、高齢化した両親の介護、自分たちの老後、それに住宅ローンもまだ残っている……。ああ、次々と不安が押し寄せる。不安になるなというのは無理。私だって同じだ。悟りを開いているわけじゃないから。

しかし、それでもあえて言う。心配しても切りがない。

不安に圧し潰されるだけだ。そんな時、貯えを殖やそうと、妙な投資話に引っ掛かったり、ビジネス話にのせられたり、慌てて役に立たない資格を取得しようと大枚をはたいたり……。たいてい失敗するのがオチ。

まず慌てない。焦らない。なんとかなると楽観的に構えるのが一番だ。

役職定年になったら収入が減る。その現実を受け入れよう。友人は、役職を離れたあと、60歳で会社を辞め、その時、すべての財産を計算して、これから先、何年生きるかを想定して、年間にいくら消費するかを決めた。その計画を厳格に守って生活している。昨今の低金利は、さすがに参ったと言っているが、節約で凌ぎ、特に惨めになっているわけじゃない。潔い生き方だ。

不安にかられるばかりではなく、彼のようにすべての財産を勘定してみればどうだろうか。

持ち家を売却して資金化することも検討しよう。

妻に先立たれた知人がいる。彼は、息子夫婦が自分の老後の面倒を見てくれると期待して2世帯住宅にした。当初は一緒に住んでいたが、息子の嫁との関係が悪化して家を出るはめになった。金はないから息子に頼らざるを得ない。家はない。こんな状況に追い込まれてしまった。持ち家があるなら、それを売却するなりして老後の資金に充《あ》てればよかったのだ。しかし後の祭り。息子や娘に期待をしすぎてはいけない。彼らの世話にならない計画を立てるべきである。

役職定年の後には定年退職が待っているが、再雇用制度を活用する手もあるだろう。また地域には高齢者雇用のシルバー人材センターもある。いろいろ活用すれば70歳くらいまで働けるのではないだろうか。

元気なうちは収入の多寡に関係なく、健康管理のためだと思って働き続けることだ。若い人の邪魔にならず、昔の経験におごらず、謙虚に仕事をしていれば、役職定年後の給料と年金とで十分に暮らせるとわかるだろう。

とにかく冷静になって現在の財政状況を把握すること。そして無駄な出費を抑えること。煙草を減らし、外で飲むより、家で飲むこと。人間関係を整理して、付き合いを広げすぎる付き合い貧乏にならないこと。これらに注意して暮らし、「死」を迎える時までに、さっぱりと全財産を使い切ることだ。残したって意味がない。少ない遺産を巡って、子どもたちが争うかもしれない。私の父も母も見事に使い切って亡くなった。お陰で相続で揉《も》めるなんてことはまったくなかった。

不安にならず、まず足元を見つめることから始めよう。

2 「2000万円問題」以上の壁
60歳からいくら稼ぐかよりも、防衛的な視点で家計を見直してみよう

老後生活には、どのくらいあれば安心できるのだろうかと考えてみた。

しかし安心というのは人によって違うから、難しい。何億円もの財産があっても安心できない人は安心できない。たいした財産がなくても平穏に暮らしている人もいる。一律には言えない。

以前、老後資金2000万円問題があった。老後に2000万円が不足する。すわ！大変だ、年金だけではダメだと大騒ぎになった。担当官庁の金融庁が誤解を招きましたと謝罪に追い込まれたが、私は謝る必要なんかないと思った。

年金だけで暮らせないことはないが、豊かで充実した老後生活になるかと言えばそうではない。ちゃんとそれに備えなさいという当たり前のことを言っただけだからだ。

では年金以外に2000万円あれば安心なのかと問われれば、そんなことはない。

例えば60歳から平均寿命の85歳まで生きるとしたら、あと25年もある。四半世紀を生きね

ばならない。それを２０００万円でやっていけるわけがない。

ちょっと仮定の計算をしてみよう。

年金は65歳から受給する人が多いから、ここの計算でも60歳から65歳までは再雇用などの収入で暮らすことにする。再雇用されれば、日本国民の年収の中央値である４００万円くらいはもらえるのではないだろうか。

さて問題は65歳からだ。会社員で日本人のおよそ平均年収で、23歳から60歳まで厚生年金に加入した人の年金は、老齢基礎年金と合わせて年間１８０万円くらいだ。再雇用が無くなったとすると、65歳からは年収１８０万円で暮らさねばならない。これはさすがにきつい。せめて60歳から65歳までの年収４００万円くらいで、残りの人生を暮らしたい。つまり年金分１８０万円を差し引くと、年収２２０万円を稼がねばならないことになる。

稼げればいいけれど、なかなか難しい。気力も体力もなくなった65歳に仕事はない。年収２２０万円というと月18万円から19万円になる。高齢者になるとコンビニも警備もどこも雇ってくれないだろう。

シルバー人材センターで仕事を斡旋してもらっている知人は、月６万円くらいにはなると言っていた。おそらく65歳以上には、世の中がよほど変わらなければ、それくらいの市場価値しかないのだろう。

なにせ統計上も働かない従属人口※にカウントされるのだから。

そうなると、65歳から85歳までの20年間で、220万円×20年で4400万円が不足することになる。これはあくまで年収400万円の暮らしを想定した場合だ。

おいおい、2000万円どころじゃない。4400万円か！と怒るより前にがっくりしている人が見えるようだ。

奥さんがいれば、奥さんの年金も期待できるかもしれないが、いずれにしても4000万円以上を65歳までに貯えておけということだ。

もっと冷たいことを言う人がいる。友人の金融コンサルタントだ。彼は、老後には1億円は必要だと話していた。60歳の定年までに1億円を貯めるのは並大抵のことではない。でも本当はこれくらいが必要なのかもしれない。

しかし、ものは考えようだ。

まったく財産がない人も、なんとか年収220万円を稼ぐことができたら、85歳までなんとかなるってことだ。前向きに現実を直視したら希望が見えてきただろうか？

この希望を細かく具体的な計画に落とし込んでいこう。

体が元気な70歳まではなんとか会社にしがみついて再雇用してもらうことだ。これで60歳から70歳までの年収400万円は確保した。

65歳からの年金180万円×5年間の900万円は全額貯金する。

さすがに70歳過ぎまで会社に頼れないから、85歳までの15年間は年金のみ。しかし900万円の貯金があるから、4400万円から900万円を除くと3500万円になる。

70歳以降も年収400万円の暮らしを維持するなら3500万円あればいいということになる。おっ、少し減ったじゃないか。安心する顔が見えるようだ。

年収220万円程度あれば、70歳以降の15年間で約3300万円になる。

これくらいを稼げる仕事を見つけることだ。

もし難しいと考えるなら、60歳になる前にせめて4400万円を貯えておきなさいということ。計算は計算だ。しかし、これを机上の空論と侮ってはいけない。準備は早い方がいい。60歳以降の暮らしを想定して、今は一生懸命に働いて、節約して老後のために貯えるのが賢明だ。

これからはますますインフレの時代になる。

これはコロナ禍《か》やロシアによるウクライナ侵攻の影響ばかりではない。

世界的に少子高齢化が進んでいること、そのため労働力不足が深刻になること、産業発展による環境負荷が大きな問題になってきたこと、中国やベトナムなどの安い人件費の国が無くなってきたことなどの世界経済の構造的要因がインフレを加速する。

私たちの家計をインフレは直撃する。必然的に家計は防衛的にならざるを得ない。

60歳からいくら稼ぐかを考えるのも重要だが、それまでの貯蓄を見直し、家計を防衛的に運営することの方がベターではないか。

どこかの国みたいにじゃぶじゃぶ税金を無駄遣いして1000兆円以上も国債を乱発してはいけないのだ。

例えば無駄な保険の見直しや資産のリスク分散など。

またスポーツクラブやいろいろな会費を払いすぎていないかの見直しも必要だ。

60歳から働こうと思っても、最悪の場合は一切仕事がないことを覚悟しないといけない。そのような場合のことも十分に予測範囲に入れておくことが重要だ。

そのためには今の貯蓄、資産をまず防衛することを優先的に考えよう。

※人口統計で15歳未満の年少人口と65歳以上の老年人口を合計した人口。従属人口以外の人口は生産年齢人口という。

3 退職金の壁

一括、分割のどちらで受け取るべきか

退職金がもらえるっていいね。私ももらったけど、一括で受け取った。

理由は、非常に個人的なこと。

私は、みずほ銀行を早期退職した。みずほ銀行は、第一勧業銀行と日本興業銀行、富士銀行が経営統合して作られた銀行だ。

第一勧業銀行は、不祥事（総会屋事件）を起こし、その解決や経営改革も道半ばであるにもかかわらず日本興業銀行、富士銀行との経営統合を選択し、日本一の素晴らしい銀行を作るとの言葉の裏で、実は勢力争いを繰り返していたのだ。

その結果が、経営統合の発表の当日の大規模なシステム障害（その後も何度もシステム障害を起こしている）。この事故で多くのお客様に迷惑を掛けた。

私には原因がわかっていた。誤解を恐れずに言えば、３行のシステムをめぐる勢力争いが障害を引き起こしたのだ。

あろうことか、この事故の反省や検証が不十分なまま、銀行は一兆円の増資を決定したのだ。不良債権処理などの結果、自己資本不足に陥ったからなのだが、なんとその方法は、取引先に広く奉加帳《ほうがちょう》を回して資金を集めるというものだった。

なんじゃ、これは！と思った。自分の失敗で自己資本不足に陥りながら、他人にツケを回そうとする姿勢に私は怒りを覚えた。

私は当時、築地支店の支店長だったが、都内の主要な支店長たちが一堂に集められた。そこで役員が「取引先から出資を募れ。これができない支店長はダメな支店長だ」という意味の発言を堂々とのたまったのだ。

これは、ひどい！　絶望した。多くの尊敬する人たちが、総会屋事件で逮捕され、残された私たちで素晴らしい銀行にしようとしていたことに反する行為だと思ったのだ。

自殺という不幸な形で、お亡くなりになった宮崎邦次《くにじ》相談役（頭取、会長を歴任）は、遺書に「皆で力を合わせて素晴らしい銀行にしてください」という意味のことを記され、私たちに後事を託された。

それにもかかわらず勢力争いというバカげたゲームに興じた結果、システム障害を引き起こし、お取引先に迷惑をかけた上に、その反省も中途半端なまま、今度は金集めか！

許せない。亡くなった宮崎さんに顔向けができない。

私は、その場で退職を決意した。このまま勤務を続けたら、自分はダメになってしまう気がしたのだ。

私は、退職金を分割で受け取る方法を選択して、それをみずほ銀行に託す気にならなかった。何もかも縁を切りたいと思ったのだ。銀行からは退職金の半分を受け取り、残りの半分は企業年金で受け取る方法を選択するように勧められた。企業年金は、適切に高金利で運用されることになっていたからだ。

妻もその選択がいいのではないかと言った。しかし、私はどうしても退職金の半分を銀行に託す気にはなれなかった。私の選択は、個人的な感情のままだったので例外的なことで、誰の参考にもならないと思う。

退職金の半分を企業年金に回す方が、長い老後を考えた場合、適切な判断だと思う。

企業年金があれば基礎年金、厚生年金、そして企業年金の3階建てになるので老後の生活が安定することは間違いない。

退職金を一括で受け取るか、分割で受け取るか。これは悩む。一括で受け取れば、一時金として退職所得控除が受けられるが、年金的に分割して受け取ると、この控除が受けられない。受け取った年金的な退職金は雑所得となり、公的年金等の控除の対象にはなるが、退職後の収入次第では健康保険料などの社会保険料が増えてしまうことになる。

やっぱり一括で受け取るのが有利なのか。しかし一括で受け取ると、自分で運用したり、投資したりして大半を無くしてしまうこともある。

最近は、退職金を上手く運用しますという金融業者の勧誘が増えているから、要注意だ。

一方、分割にして、年金的に受け取る方法を選択するなら会社が運用してくれる。会社を信用しているなら、これがいい。自分で運用するなんてなかなか上手くいかない。お世話になった会社が運用してくれるならいいじゃないか。

しかし、住宅ローンが残っていたり、子どもの教育費、結婚費用など、大口の支出が予定されていれば一時金として受け取らざるを得ない。金銭的な不安を取り除くのが一番だから。

こうやって考えると、どちらが有利かは退職後の生活次第だということになるのではないか。私は、作家として無収入覚悟で退職後の人生をスタートしたから一括で受け取ったことは後悔していない。しかし、今も時々、妻から、企業年金に回しておけばよかったのにとチクチクと言われる。そんな時、本音を言うとちょっと後悔する気持ちがないではないが、今更だ。「後悔先に立たず」とはこういう時に使う諺《ことわざ》かな？

4

住宅ローンの壁

退職金で一括で返済すべきか否か

退職後に重くのしかかるのは住宅ローンだ。

私は退職金で住宅ローンを全額返済した。肩の荷が下りた気がした。

金融広報中央委員会の調査（「家計の金融行動に関する世論調査」令和元年〈２０１９年〉）によると、60代における住宅ローン平均残高は９２０万円。意外と多い。

どのくらいの額の退職金を受け取るかで一括返済の判断が変わってくるだろう。

普通に考えると、退職金で住宅ローンを完済してしまえば、すっきりすることは間違いない。住宅ローン全額でなくても、半分でも、受け取った退職金の金額次第で返済を優先した方がいい。老後に借金は残したくない。

今は住宅ローンの金利が低いから、返済しない方がいいと思っている人がいるかもしれないが、それは間違いだ。

住宅ローンは利息と元本とを合わせて返済しなくてはいけない。

変動金利住宅ローンを借りていれば、金融情勢次第で金利が上がる。

現在、世界はインフレに怯《おび》えている。このため、アメリカなどでは金利がぐんぐん上がっている。日本も同じ状況になると想定されている。

預金金利は上がらないのに住宅ローン金利だけが一方的に上がることもある。

こうしたことを考えると、少しでも元本を返済しておくべきだろう。

問題は、60歳から住宅をバリアフリーに直したり、あるいは退職金で新たに住宅を購入しようと考えている人だ。

60歳を過ぎても住宅ローンを借りられないということはない。退職金を温存して住宅ローンを組んで改築したり、新居を買ったり……。

危ないなぁ、これは。退職金があるからと言って気持ちが大きくなって投資しすぎることがある。まず返済可能な住宅ローンを考えよう。70歳までに、80歳までに返済できるか？もし不可能なら、売却して返済に充てることなども考えようということ。これを考えていないと、思わぬトラブルに巻き込まれてしまう。

5
投資の壁
損をするのが嫌なら投資はやめなさい

政府はNISAという投資収益を非課税にする制度を恒久的にしようと検討している。国民の貯蓄を投資にまわそうというのだ。首相が笑顔で、投資で所得倍増と話していたが、投資は損することもあるんだぞ、と呆れてしまった。

経済を活性化させ、企業収益が向上し、人々の所得が倍増するなら理解できる。池田勇人《はやと》首相時代の所得倍増政策がそうだったから。

投資信託や株式投資で所得倍増は難しい。所得激減ということもある。

けれど、退職金を現在のような金利がほぼゼロの貯金とするのでは心もとない。少しでも高利で運用したいと思うのは人情だ。しかし全額を投資に振り向けるのはやめた方がいい。

投資には預金、株、不動産と3分の1ずつにすべきだという原則がある。

全額をリスクのある金融資産に投資するのは、絶対にやめよう。

私も株や投資信託を保有している。

株に関して言えば、勤務していた銀行などだ。

特にそれで儲けようと思ったことはない。むしろ自分が勤務していた銀行の株はまったく値上がりせず、大損している。これは仕方がないと諦めるしかない。

株のいいところは配当だと思う。定期預金にしても利息はほとんどない。100万円を1年間預けても缶コーヒー1本、買えるかどうかだ。がっかりする。

しかし株の配当金の利回りを考えると、定期預金とは比較にならないほど高い。

例えば、みずほFGの株価は1600円とすると配当金は80円だから、5%の利回りになる。

銀行など経営的に安定した会社で配当利回りを考えて株式投資をするのがいい。

株は、元本が保証されていない。儲けようと思って価格が変動する会社に投資するのは避けた方がいい。一発当たれば大きいが、失敗する可能性の方が高い。

退職後は、経営的に安定した会社の株式配当を楽しみにしつつ、長期に保有するのがいいのではないだろうか。株価の変動に一喜一憂するのは、老後には忙しすぎる。

デイトレーダーよろしくパソコンのキーボードにしがみついて秒速で売り買いする方が脳トレになると思っている逞しい人もいるかもしれないが、私は勧めない。これは若い人のやることだ。

以前、中国に取材に行った際、証券会社のパソコンの前に老人たちが集まって、めちゃくちゃにキーをたたいて、株を秒速で売り買いしていた。話を聞こうとしたら、「あっちに行け！」と怒鳴られた。中国人は金儲けが好きで、投資リスクを恐れないから、これでもいいが、なんともあさましく見えてしまった。

中国は、年金がしっかりしていないことと、リスクを恐れない国民性であることなどが理由だと思われるが、それにしても凄《すさ》まじかった。

彼らは口々に「ボケ防止」と言っていた。彼らほど熱くならなくてもいいが、それもありかなと思う。

私には彼らの真似は無理。安定した株の配当を楽しみに長期保有の道を選択する。

またデパートなどの株に投資すると、商品を割引で購入することができる。株主優待制度だが、こうした制度を調べて、日常生活を豊かにすることもいいのではないだろうか。

投資信託も価格が変動する。リスクがあるから内容を吟味して投資した方がいい。為替の変動次第で元本が激減するものや、銀行員の甘い言葉に乗せられていつの間にかハイリスクの投資信託を買わされていたなどというトラブルは引きもきらぬほど起きている。

ギャンブルで言えば、投資信託は競馬みたいなものかもしれない。馬やジョッキーという他人が走るのを馬券購入者は眺めているしかない。当たれば大きいが、たいていの場合は外れる。もっと速く走れよ、と言ってみても馬次第、ジョッキー次第である。投資信託も運用者次第である。だから購入時にはよく商品内容を見極めねばならないというわけだ。ましてや最近破綻した暗号資産なんていうのは価格変動が激しすぎて退職金運用にはふさわしくない。

投資信託で一般的なのは日経225（日経平均株価）に連動した投資信託ではないだろうか。現在、株価は冴《さ》えないが、日本経済の復活を夢見て投資されたらどうだろう。

そのほかＥＳＧ（環境・社会・ガバナンス）関連銘柄を中心に投資している投資信託なども人気だ。

いずれにしても価格変動があるから、一喜一憂せずにローリスクないしはミドルリスクの投資信託の長期保有がいい。

損をするのがどうしても嫌なら、株式や投資信託などへの投資はやめた方がいい。

しかし、定年後の生活を考えたら全額をほぼゼロ金利の定期預金にするのはバカらしいかも。

株式や投資信託など少しでも高利回りの可能性がある金融商品に投資した方が、豊かな生活を送れる可能性が高い。

いずれにしても儲かることばかり考えて、欲に目がくらんだら失敗するのは目に見えている。投資セミナーに行くと高齢者で満員だ。特殊詐欺ばかりじゃないぞ、高齢者の懐《ふところ》を狙っているのは！　甘い話には必ず裏があることを十分承知している年齢なのだということを自覚しよう。

6 年金の壁

自分の生活は自分で守る

年金はもらえる時にもらっておこう。今までちゃんと払ってきたんだから。

私は65歳で受け取ることにした。70歳という選択肢も考えたが、70歳まで生きている保証がない。死んでしまったら元も子もない。

60歳から繰り上げ受給できるのだが、幾分か不利になる（月当たり0・4％、最大24％減額）から65歳で受給する人が多いのではないだろうか。

年金受給開始年齢を65歳から70歳などへ繰り下げると、増額される（月当たり0・7％、最大84％増額）。

いずれにしても年金を何歳から受給するかは、すべて定年後の生活にかかっている。

私の友人は「政府に騙されるな」と物騒なことを言う。

年金財政が苦しいため、政府はできるだけ受給開始年齢を遅らせようとしている。自分たちは、いつ死ぬかもわからない。政府の言うことを聞き、受給開始年齢を遅らせていると受給できずに死ぬことになる。だから減額があろうとなかろうと、早く受給すべきだというのだ。だから彼は60歳での受給を選択した。

「騙されるな」はちょっと言い過ぎかもしれないが、これも一つの考え方だ。

60歳で定年退職し、年金をベースに生活を考えているなら60歳で受給すればいい。しかし収入があり、年金をそれほど当てにしなくてもいいなら70歳からの受給を選択してもいい。

年金事務所に行くと、担当者からいろいろと尋ねられる。今の収入やこれからの収入予測も聞かれる。正直に話して、いつから受給するのがいいのか、一緒に検討するのもいいだろう。

老後は夫婦で平均27万円ほどかかると言われている。

厚生労働省の資料によると、夫婦２人分（43・９万円の平均的な収入〈賞与含む月額換算〉で40年間働いた夫と、ずっと専業主婦だった妻）の標準的な年金額は21万９５９３円だ。

それで２０００万円問題が大騒ぎになったわけだ。

家計の金融資産を貯蓄から投資へと促したい金融庁が、老後に備えて２０００万円は必要だと言ってしまった。

金融庁の意図とは違い、世間は年金だけでは暮らせないと受け止めて大騒ぎになった。

しかし、これは真面目に受け止めた方がいい。年金だけで暮らすのは厳しい。かつ100年保つと言っていた年金財政も心配になる。

こうなると年金を当てにせず、自分の生活は自分で守るくらいの気概が必要だ。

老後をどれだけ豊かに暮らすか。ゴルフもしたい、夫婦で旅行もしたい、美味しいものも食べたいなど、あれもしたい、これもしたいと欲望を満たすには年金だけではとても無理だ。金融庁に言われなくても、ある程度の金融資産がなければ楽しい老後というわけにはいかないことなど、誰でもわかっていることだ。財産が有り余っているような人は無理に働く必要はないだろうが、一般的には60歳で定年退職しても、なにかしら仕事をやり続けねばならない。

かく言う私だって、もうすぐ古希なのに働き続けている。

私の友人は70歳になっているが、世間とつながっていたいとシルバー人材センターに登録し、公園の掃除や交通整理などをしている。

最近、小学校で過去の会社員経験を話す講師を務めたそうだ。

「収入のためじゃないんだ」と彼は言い、「世間に何か役立ちたいと思うからなんだ。小学校で講師を務めた時は、『先生』と言われて、自尊心がくすぐられたね。質問が鋭いんだよ。『ＥＳＧやＳＤＧｓについて』『仕事で失敗した時、どうやって乗り越えたのか』などなど。事前に勉強していないと答えられないよ」と満面の笑みを浮かべて話す。

「『先生、ありがとうございました』と児童たちから言われた時には、鳥肌が立つくらい嬉しさに震えたね」

彼は、楽しかったんだ。嬉しかったんだ。

彼は、決して贅沢な暮らしをしてはいない。おそらくかなり倹《つま》しいだろう。しかし不満はない。世間とつながっているからだ。

年金だけでは、暮らしに十分ではない。しかし、お金がたくさんあるからといって楽しい老後かと言えばそうでもない。

彼のように世間と関わりを持ち続け、何かお役に立ちたいという思いと行動が一番大切なのではないか。

幾つになっても「ありがとう」と言われることくらい嬉しいことはない。

7 各種手続きの壁

手続きが面倒という人は、もはや自立する覚悟がない証し

会社を退職したら、一番面倒なのは役所関係を全部自分でやらないといけないことだ。所得税も自分で申告しなければいけない。

申告時期になると妻が伝票と格闘している。普段は「もう歳だから、あんまり仕事しなくていいんじゃない」と優しい言葉をかけてくれる時もある。

しかし、この時期は違う。「ああ、本が売れない」「稼ぎが減った」と恨み、嘆きの声が部屋中に響く。特にコロナ禍で本は売れない、講演会は中止になるということで収入がガタ減りなのだ。

「まあ、そのうちね」

私が言う。

「そのうちって、いつなのよ」

妻が睨む。

こんな光景が申告時期の我が家である。

所得税の締め日は、毎年12月31日。

所得税は、会社員時代は給料から天引きされているので、総務部か経理部の指示にしたがって年末調整の書類を出し、税金の還付を受ければよかった。

所得税は、年末調整で還付されることを前提に多めに徴収されているらしい。余計なことをする。

もし12月31日以外に退職すると、会社で年末調整ができないから税金の還付がない。還付を受けるには、自分で還付申告をする必要がある。

還付申告は、確定申告と同じような手続きで、退職した翌年の1月1日から5年の間にやればいい。だけど早くやるに限る。忘れるからね。

還付申告の方法は、国税庁のホームページを見ればわかるだろう。

いずれにしても退職すれば、すべて自分でやらねばならないのだ。面倒だなんて言っていられない。やらねば損をするだけ。

今は、確定申告もネットで行うことができるからチャレンジしてみたらいい。

もし、退職後、事業を行うことを考えているなら税理士と契約すべきだ。税金の納付だけではなく、いろいろな相談にも乗ってもらえるから。アドバイザーだと思えばいい。

給料から天引きで所得税や社会保険料が引き落とされている時は、あまり関心がなかったのではないだろうか。多いなぁと嘆いていても、すぐに忘れてしまう。天引きとは、そういうものだ。税務署は、うまい仕組みを考えたものだと思う。

しかし、退職し、会社を離れれば、なんでも自分でやらねばならない。やらないと損をしてしまう。必死だ。

確定申告し、自分で自分の税金の計算をすることになるから、それらの使い方にも関心が深まる。これはいいことだ。社会に目を開くことになるからね。

これらの書類作りを面倒だと言ってはいけない。それを口にした瞬間に負け犬になってしまう。退職後は、なにを措《お》いても自立する覚悟が必要なのだ。それがない人間は脱落してしまう。心を入れ替えて、何事にも好奇心でぶつかっていけばいいんじゃないか。

8

資産運用の壁
老後資金を殖やせる人、溶かす人の違いとは？

定年後ものんびりゆったり暮らしている人がいる。羨ましい限りだ。

私の周りには大手企業に勤務していた人が多い。だからかもしれないが、総じてのんびりと暮らしている。そんな印象だ。

彼らはもともと親から譲られた資産があるのだろうか。

私のように田舎から東京に出てきた者は最初からハンディがある。ゼロから自分の資産を作っていかねばならないからだ。しかし東京で生まれ育った人は、親の不動産を譲られ、そこに住んだり、それを貸したりして安定した収入を得ている。

フランスの経済学者トマ・ピケティが『21世紀の資本』の中で「資産が生み出す利益率r>経済成長率g」という不等式を提唱した。

簡単に言うと、資産運用が生み出す利益率の方が経済成長率より大きいというのだ。

現在のように経済成長率が低迷している時は、なおさら資産を持っている人が有利だということになる。これが格差拡大の原因である。

だから東京に不動産を持っている人は、私のように古希が近くなっているのに、小説やエッセイを書くために頭を抱えている人はいない。

しかし彼らを羨んだり、妬んだりするわけじゃない。彼らは彼ら……と思うしかない。彼らにも彼らなりの悩みがあるかもしれないから。

彼らのような資産保有者にとっては、再雇用などから得られる収入は小遣いのようなものかもしれない。

一方で、何も資産を持っていない人は倹しい。彼らは定年になり、再雇用されても生活態度は変わらない。

身の程を知り、「足るを知る」を実践している。こういう人は幸せだ。

株式投資をやっている人は多い。どれだけリスクをとっているかはわからないが、この低金利なら投資もいいのではないか。

現在、コロナ禍やロシアのウクライナ侵攻などによって世界経済が不安定になり、低金利、金融緩和時代が終わろうとしている。

次は激しいインフレの時代になるだろうと予測されている。

株価がどのように動くかわからないが、株式投資にお金を振り向けていると、大きな損失を負いかねない。

もっとリスクの高いデリバティブを使った仕組み債などでは損失問題が起きている。

それでも株式投資などへの熱意は沈静化することはないだろう。

前述したように、投資による利益を税制優遇するＮＩＳＡの恒久化も検討されているから「貯蓄から投資へ」の流れはますます加速するだろう。

多くの人はどんなことに注意して運用しているのだろうか。

友人は、運用資金の３分割を心掛けているらしい。

これはよく言われることで「預金」「株」「不動産」に分けることだ。

株式投資で莫大な資産を築き、その資金を電力に投資し、電力王と呼ばれた福澤桃介《ももすけ》という人物がいる。私は彼の評伝を書いたが、彼は病気で療養中に株式投資に手を付けた。病気で働くことができないため、頭で稼ごうと思ったのだ。

彼は貯金が３０００円もあった。明治時代だから、大変な金額だ。このうちの１０００円を株式投資に回す。現在の価値に換算するのは難しいが、１０００円は数百万円から約１０００万円だろう。彼はたちまち10万円も儲ける。１０００円が１００倍になった。当時は１

万円もあれば、家族3人ないしは4人が一生食べられると言われていたから、彼はたちまち大金持ちになったのだ。

彼は非常に慎重な人物で、投資する会社のことをよく研究し、配当が安定していて、経営が信用できる会社の株に投資したと言っている。この慎重さが、彼を株式投資の天才にしたのである。

彼ほどの成功を収めるのは稀だが、資金を全額リスクのあるものに投資することだけは止めるべきだろう。かつ大きな利益を追わないことではないだろうか。株式投資は失敗すると熱くなりがちだ。ゆえに昔は鉄火場と言われたものだ。今はそんな言葉は死語だが、それでも大きな利益を追求しすぎると、大火傷、すなわち損失を膨らませてしまう。

絶対に無理をしないことが肝心だ。福澤桃介なら臆病くらいが丁度いいと言うだろう。

「生計」の立て方は人それぞれだろうが、定年後は時間もあるから、自分の楽しみとして会社研究するのも楽しいのではないだろうか。現役時代は自分のお金を会社に頼っていたのだが、定年後は自分で管理しなければならない。なにもかもが「終わりの始まり」。新しいスタートだ。これもまた楽しからずや、ではないだろうか。気楽になればいい。なんとかなるさ。

第3章

今のうちに「好きなこと」に投資しなさい

1　「好き」を仕事にする壁

楽しくない仕事はやってはいけない

私が作家を第二の人生の仕事として選んだのは、文章を書くというのが得意だったからではない。友人で尊敬する作家兼臨済宗僧侶の玄侑宗久《げんゆうそうきゅう》さんにお会いした時に言われたことを思い出す。

「人間の記憶というのは上手くできていて、今ある自分になるように記憶を順番に並べ替える」

そんな意味だったと思う。この説に従うと、私は子どもの時から文章を書いていた。私は、田舎も田舎、イノシシやシカが走り回る山間《やまあい》の里に育った。遊ぶのは山の中ばかり。

父親が小さな商売を営んでいて、大阪に集金に行くことがあった。私は、本を買ってきて欲しいと頼んだ。父は、大阪の書店で、私が読めそうな本を買ってきた。伝記が多かった。

エベレストを初制覇した登山家エドモンド・ヒラリー卿の伝記はよく覚えている。

私は、それらの読書感想文を書き、県や郡などのコンクールに送る。するとかなりの確率で入賞した。そしてノートなどの文具を賞品としていただけた。

文具は、田舎の子どもにとって非常に貴重なものだった。私は、賞品を目当てに読書感想文やその他の作文を書いた。

人権問題や地域復興策などの作文も入賞した。そんなことを繰り返しているうちに文章を書くのが好きになったわけだ。子どもながらに味をしめたってところだろうか。

友人たちは、切手を集めたり、ミニカーを集めたりしていたが、それらはお金がかかる。その点、作文は原稿用紙と鉛筆だけ。安上がりだったことも大きい。

作文ばかりではなく、俳句も作って『毎日新聞』の俳壇に入選し、掲載されたこともある。

高校生になった。文芸部に入部し、「沙羅《さら》の木」という同人誌を発刊していた。私はそこで小説を書いた。

都会では、大学や高校で紛争が起きていた。時代は閉塞感に満ちていたのだろう。若者にとってはいつの時代も重苦しい。

私の書く小説は暗くて重くてどうしようもない内容だった。本をたくさん読んだ。カフカ、カミュ、サルトルなど。実存主義が流行っていたのだ。日本の作家では椎名麟三、井伏鱒二などが好きだった。キリスト教の教会に通ったり、いっぱしの悩める若者だったのだ。

早稲田大学の政治経済学部政治学科に進学した。そこでも政治学の授業には出ないで、早稲田の文学部や東大の仲間と「蒼の轍《わだち》」という同人誌を発刊し、小説を書いた。

ガリ版刷りのちゃちな同人誌だったが、東久留米の下宿近くの商店などから広告をもらい、駅前にあった山本書店の好意で同人誌を店頭に並べてもらった。

当時は、街に人情があった。山本書店は、ある時私に払いの催促無しで井伏鱒二全集や種田山頭火全集を購入させてくれた。バイトでお金が入った時に払ってくれればいいという破格の対応だった。嬉しかったね。

ある時、小説『黒い雨』で名高い井伏鱒二先生のところに押しかけた。作品を見てもらうことはなかったが、在学中、卒業後を通じていろいろと面倒を見てもらった。

食事、お酒、旅行など楽しい思い出がいっぱいある。太宰治のことなど、興味深い話も聞かせてもらった。小説家になりたいと思っていたわけじゃないけれども、憧れはあったのだろうと思う。

「古典を読みなさい」

井伏先生は、いつもおっしゃっていた。

私は、寝る時間も惜しんでドストエフスキーやトルストイ、プーシキン、ツルゲーネフ、そしてバルザックなどを読んだ。読み倒したと言ってもいいくらい没頭した。とても政治学科の学生の生活ではなかった。まるで文学部の学生だった。

今は、あの頃の体力はない。しかし、いつかそれらの本を読み返してみたいと思う。果たしていつになるか……。

1年留年して第一勧業銀行（現みずほ銀行）に入行した。

その際、井伏鱒二先生から革靴を2足買ってもらった。大阪に赴任する時、先生から「小説はいつでも書ける。大阪は商人の街だから、一生懸命商売を勉強してきなさい」と言われた。

小説家になろうなんて思うんじゃないという親心だったのだろうか。

私は素直に井伏先生の言葉を受け止め、銀行の仕事に没頭した。

銀行の仕事は面白かった。

商品はお金。どの銀行でも1万円は1万円。商品に差はない。それに付加価値をつけるのは、自分である。「無から有をつくる」のが金融という仕事だ。これは小説に似ていると思った。だから楽しかったのだ。

支店では文章を書くことはなかった。

ところが本部に転勤した途端、行内誌や研修用テキストの制作、業界紙への寄稿、頭取など役員の挨拶原稿執筆など、文章を書く仕事が増えた。ある役員などは、業界紙から原稿を頼まれると、私を指名した。ゴーストライターってわけだ。時々原稿料をもらえたが、銀行に取り上げられた。

本部の後、高田馬場支店長になる。総会屋事件など不祥事の後始末に奔走した後だったので、急に環境が変わることを心配した妻が「ぬれ落ち葉になるわよ」と警告を発した。

そこで何かを始めようと朝日カルチャーセンターの小説教室に通うことにした。

小説家志望の人たちに交じって昔のように小説を書いていると、楽しくってストレスの発散になったのだ。

カルチャーセンターで書いた80枚の小説「ささやかな抵抗」が経済小説の泰斗、高杉良さんの目に留まって、佐高信《さたかまこと》さんの推薦で『小説新潮』に掲載されるという幸運に恵まれた。新潮社の編集者から続きを書いて欲しいと言われ、書いたのが『非情銀行』。この本で49歳で作家としてデビューしたというわけ。

玄侑さんの説に従って、作家という今の自分になるように記憶を並べていると、なるべくしてなったという気持ちになる。誰だって私と同じだ。スポーツ選手が、子どもの頃に「オリンピックに出て金メダルを取る」と作文に書いたようなものだ。

今、定年後の幸せな暮らしをしていれば、記憶を自分に都合よく並べて、なるべくしてなったという満足感が得られるだろう。

逆に不幸なら、それは不幸になる記憶を並べているからだ。幸せな記憶に並べ替えれば違ってくるだろう。

私の経歴と文章の関わりを記したが、作家になって気づいたことがある。

それは「好き」ということ。私は、文章を書くこと、小説を書くこと、それが「好き」なのだ。そのことが作家になってみてよくわかった。

売れるか売れないかは関係ない。小説を書いている時が「好き」なのだ。楽しいのだ。幸せなのだ。作家の仕事というのは地味で、根気が必要なので「好き」でなければできない。

文章の上手い、下手はその次のことだ。

どんな仕事でもいえることだが、「好きこそ物の上手なれ」だ。

楽しくなければ、どんな仕事もやっていられない。

2　1000枚の壁
酒の席での約束は絶対に守る

私が作家になったきっかけは、朝日カルチャーセンターの小説教室で書いた80枚の短編「ささやかな抵抗」を、広報部としてお付き合いがあった高杉良先生が読んでくださったことだと前項で述べた。「面白い」と思ってくださったのだろう。高杉先生はその作品を新潮社に持ち込んでくださり、さらに佐高信先生の推薦で『小説新潮』に掲載されたのである。幸運だった。新潮社は読者からの原稿持ち込みを受け付けていないのだから。

その時のペンネームは「近藤晋作」。「近藤」は妻の実家の名字。「晋作」は高杉晋作からだ。

私としては、これで十分満足だった。作家になるつもりなど毛頭なかった。

その後、新潮社の編集者から連絡があり、食事に誘われ、したたか飲まされ、「続きを書いてほしい」と言われた。

続きなんて考えていない。しかし酔った勢いで「やりましょう」と返事をしてしまった。

これが間違い（?）の元。

私は、銀行員。一旦口から発した約束は絶対に果たす、特に酒の席での約束は絶対に守るというのが信条だった（偉い！）。それで続きを書く羽目になったのだ。

「毎月100枚、月末に持参」。これが条件だった。

私は、支店長の激務（?）の合間を縫ってワープロで原稿を書き、毎月末に高田馬場から神楽坂の新潮社まで原稿を届けた。

毎月、きっちり100枚。暑い日も寒い日も……。編集者は、何も言わず原稿を受け取るだけ。「俺は何をやっているのか」と疑問に思ったこともあった。

原稿を書く時間は、早朝だ。毎朝5時に起き、出勤前の1時間ほどを原稿を書く時間に充てていた。

作家によっては一気に書く人もいるだろう。また休日を利用して書く人もいるだろう。しかし私は毎日、少しずつ書く。小さなことからコツコツと、というのが基本姿勢である。

10か月後、1000枚になった時、編集者が「これを本にしたい」と言った。

ようやく終わった。ほっとした。

「1000枚では新人は売れないので700枚にしてください。ダブっているところをちょっと削ればいいんですよ」

編集者が言った。

信じられなかった。300枚も削るんだ。3か月分だぞ！

「こうやって最後まで書いてきた人はいません」

編集者が褒めた。

しかし、嬉しくもなんともなかった。300枚も削る。うんざり。でもここまで来たらやるしかない。

私は、700枚に書き直した。

江上剛のペンネームは、築地支店の近くにあった（今もある？）スターバックスで決めた。新潮社の編集者3人の名前から1字ずついただいた。これが『非情銀行』の誕生。2002年のことだ。

銀行を辞める考えはなかった。作家になるとも、なれるとも思ってはいなかった。

「銀行を辞めないでください。作家のポジションは限られています。誰かがポストを空けないと、新人はそこに入れないのです」

編集者は言った。

運動部のレギュラー争いみたいだ。

私は、ただ流れに従うことにした。なるようになればいい。そして２００３年に49歳で銀行を退職し、専業作家になり、今に至っている。

今思えば、銀行員が組織悪と戦う冒険小説的な『非情銀行』（現在は講談社文庫より刊行）は、私の遺書的な作品だったのだろう。

私は、小説家で食べていけるとは思わなかった。

収入だって安定しない。病気をしたって誰も面倒をみてくれない。書き続けられるかもわからない。しかし、暗い気持ちにはならなかった。なんだか浮き浮きしていた。

もし今、嫌々会社に勤務しているなら辞めたらいい。なんとかなるものだ。背水の陣なんて気負うことはない。ひょいっと対岸に飛べばいいんだ。

退職後、今までの垢《あか》を落とすつもりで妻と２人で３週間ほどイタリアを旅した。

帰国すると、多くの仕事があった。本当に幸運だった。

3 カルチャーセンターの壁

客観的な視点を取り込む

小説とはなんだろう？　なぜ書くのだろう？

そんなことを考える。原稿料のため？　仕事だから？　人を喜ばせるため？　いろいろと理由は考えられる。

でも私が小説を書く理由は、自分のことを書いているからではないだろうか。

私の場合は、総会屋事件に巻き込まれ失意の中で命を亡くされたり、人生を曲げられてしまったりした人たちの想い——悔しかっただろうな、悲しかっただろうな——そんな想いと自分の人生を重ね合わせているのが基本にある。

だから、小説のテーマは、自分の中からおのずと湧き上がってくる。評伝もミステリーもといろいろなジャンルの小説を書くが、私の中から湧き上がってきたものばかりだ。

テーマが決まると、私は必ず現場に足を運ぶ。

評伝なら、可能な限り主人公のお墓にはお参りすることにしている。『我、弁明せず』（P

HP文芸文庫）の主人公池田成彬のお墓は文京区護国寺にあり、また『クロカネの道をゆく』（PHP文芸文庫）の主人公井上勝《まさる》のお墓は品川区東海寺にある。それぞれ彼らの人柄を偲ばせる佇《たたず》まいだ。

現場と言えば、『住友を破壊した男』（PHP文芸文庫）の伊庭貞剛《いばていごう》の活躍した愛媛県の別子銅山にも登った。険しい山道を一歩一歩登る。ここに1万人もの人々が暮らしていたとは信じられない深山である。鉱山で命を落とした人たちの墓がある。手を合わせると、彼らの往時の生活が目の前に見えるような気がする。自分たちのことをちゃんと書いてくれよという声が聞こえてくる。

晩年を過ごした滋賀県の活機園《かつきえん》にも足を運んだ。園の庭を眺めていると、そこが別子銅山に見えてくる。貞剛は、庭を眺めながら別子銅山に思いをはせていたのだなと感じ入る。

『鬼忘島―金融捜査官・伊地知耕介』（新潮社、『特命金融捜査官』と改題し、新潮文庫）の執筆に際しては、舞台となった沖縄の伊良部島に1週間以上滞在した。余計な一言だが、自費での取材である。

伊良部島をジョギングしながら空気を、風を感じた。これをなんとか小説に生かしたいと強く願った。

資料も可能な限り集める。国会図書館に行き、古い新聞記事を漁《あさ》ったり、資料になる本はできるだけ購入したり……。

江戸中期の浄瑠璃・歌舞伎脚本作者、近松門左衛門は「芸というものは、実と虚との皮膜の間にあるものだ」と言ったという。

実であって実ではなく、虚であって虚ではない。その間にあるのが「芸」である。

小説も同じだろう。事実と虚構との中間に芸術の真実があるのだ。

「神は細部に宿る」と言うが、どんなジャンルの小説でも細部をおろそかにしてはならない。可能な限り、主人公の身になって同じ空気を吸うように努めないと書けない。

そのため実際の執筆よりも、構想段階の方に時間がかかる。取材したり、資料を整理したりするのが重要だから、仕方がない。こうした取材などに最低でも1年から2年はかかるのではないだろうか。それから執筆にかかるのだ。

このように「小説を書く」というのは、大変に非効率な仕事なのである。材料を入れたら、オートメーションで完成品ができるというものではない。非常に人間的であるともいえるだろう。どれだけAIが発達しても小説は書けないだろう。古今東西の小説家の文章をインプットすれば、書けるんじゃないかと言う人がいる。

確かに上手い小説は書けるかもしれない。しかしそれには魂がない。魂が込められていなければ、本物の小説ではない。

生涯に1冊は本が書けるという。自分史だ。それなら自分の会社員時代の記録、記憶を大切に保存しておき、退職後にそれを素に本を書くのがいい。

書くにあたっては、カルチャーセンターの講座を受講することをお勧めする。小説なら小説講座、ノンフィクションならノンフィクション講座だ。私も通った。ここでノウハウを学べば、独りよがりな作品にならずにすむだろう。独りよがりな作品は読むに堪えない。他人の自慢話を読んで、楽しいことなどあり得ない。

もちろん自分の楽しみだったり、子どもたちに自分の記録を残したいというのならそれでもいいが、商業ベースに乗せ、職業としての作家になりたいなら、独りよがりにならないようにすべきである。

一言、言わせてもらうなら、小説家なんて儲けようと思ってなる職業ではない。儲けたいだけなら他を当たった方がいい。これが真実。

4 パッションの壁

何を書きたいのか

小説家には学歴も資格もいらない。専門的知識も不要だ。いろいろな分野の人が小説家になる。

では小説家には何が必要なのか。それは「書きたい」というパッションである。情熱、激情だ。衝動と言ってもいいかもしれない。

私がデビュー作『非情銀行』を書いた時は、遺書のつもりだった。

勤務していた第一勧業銀行（現みずほ銀行）は、総会屋という反社会的組織や人物に巨額の資金を不正に提供していた。

ついに銀行に東京地検が捜査に入った。金融界始まって以来の大事件である。そして事件は日銀、大蔵省接待事件へと発展していく。その結果、大蔵省が解体され、財務省と金融庁に分割されることになった。

私は、事件の渦中に身を置き、マスコミ対応や反社会的組織との決別に命懸けで取り組んだ。

事件については『座礁─巨大銀行が震えた日』（朝日文庫）に詳しく書いている（もちろんフィクションではあるが）。

私は、銀行の腐敗、役員たちの無責任さ、そして無名の行員たちの命懸けの戦いをなんとか記録したいと思った。その思いがふつふつと湧きあがり、『非情銀行』に結実したのだ。書かねばならない、書きたいという強い思いがペンをとらせた。

小説というのは、そういうものだ。売れるとか、金儲けとか、人気者になりたいとかいう思いで書くものではない。

自分の中のパッションに突き動かされて書くものだ。

だから専門的知識がなくても構わないのである。専門的知識は、なんらかの形（本、専門家の話）で補うことができるが、パッションだけは他の誰も補うことはできない。

しかし専門的知識は不要と言っても、銀行員であったことが私に有利に働いたことは事実だ。知りたいと思っても、なかなか知ることができない銀行内部のことを知っていたからだ。

銀行、官庁、警察など、人々がその内部を知りたいと思っても、その手段がない。そんな世界で働いたことがある人は、小説家になるのに有利なポジションにあると言えるだろう。

私は、内部告発小説を書こうと思ったわけではない。あくまで銀行の中で、無名の行員たちが必死で戦っているということを知ってもらいたかっただけだ。

事件で、銀行の評判が地に落ちた。しかし悪い職場じゃないんだ。誇り高き仕事なんだ。この状況をなんとか翻《ひるがえ》したい。どうしたらいい？　私は、小説を書くしかないと思った。

どうしてもこれを書かねば、生きている意味がないというほどのパッションがあれば、それをそのまま書けばいい。素晴らしい小説になるだろう。

プロになるには、そのパッションを持ち続けなければならない。

テーマが途切れることなく湧いてこなければ作家として継続できない。

井伏鱒二先生の詩に「その泉の深さは極まるが、湧き出る水は極まり知れぬ」というのがある。極まり知れぬパッションがなければ、小説家として立つことはできない。

自分に問いかけてみたらいい。定年後でやることがないから小説でも書いてみようかという軽い気持ちではないだろうか。本当に書きたいことがあるのか。パッションがあるか。

結局、現役時代、どれだけ必死に仕事と向き合ってきたかが問われるのだ。

5 文章練達の壁
質を求めたくば量をこなす

文章に上手い下手はあるのか？　そんなものはない。

文章は、その人の個性だ。他人と比較するものではない。

もし、上手さに標準があるならばＡＩに書かせればいい。古今東西の作家の文章をデータ化し、「上手い文章」を書いてくれるだろう。しかしそれは文字の羅列であって、魂があるわけではない。どうしても書かないといけないというパッションがあるわけではない。表面的には人を感動させることができるかもしれないが、深いところで人を突き動かすことはできないだろう。

記憶違いであれば申し訳ないのだが、ある作曲家が、郷ひろみさんの声を聴いた時、ヒットを確信したそうだ。

それは歌が上手いとか下手とかいうのではなく、あの甲高い独特の声に個性があり、他とは違う魅力を直感したからだそうである。

森進一さんだって独特のハスキーボイスだ。オペラ歌手や声楽家のような声や歌唱ではない。しかし人を感動させる力がある。

演歌とオペラを比較するなと言われるかもしれないが、文章も歌も人を感動させるという点においては同じだ。

井伏鱒二先生がおっしゃっていたが、「方三寸に響くようなものを書く」ということなのだ。

「方三寸」とは、みぞおちあたり、丹田《たんでん》と言われる箇所だと思う。

頭で理解させるのではなく、「方三寸」にジーンと震えが来るような文章を書ければ本物なのである。

本を読んで感動した時、頭ではなく体の芯から熱くなるだろう。あの感覚を得られるような文章が本物なのだ。上手い文章ではない。本物の文章なのだ。

私は、そんな本物の文章を書ける域にはまったくと言っていいほど達していない。もっともっと精進しなければ、井伏先生に顔向けできない。

ところでエッセイと小説とは違う。小説はフィクションで、神の目と言われる第三者として主人公を突き放して見る必要がある。一人称で書こうと三人称で書こうと同じである。この視点がないと読者は感情移入できない。なんだか自慢話を読まされている気にさせられる。

エッセイは事実を書く。日常のさりげないこと、他の人が見過ごしがちになることなど、あなたの独特の視点で事実を眺める必要がある。文章も、さりげなく力みがない方がいいだろう。

いずれにしてもエッセイ講座に通われて、指導を受けるといいと思う。こうした講座では基本的な文章テクニックなどを教えてくれるし、他の人の作品を相互に批評しあうことで、あなたの視野を広げてくれるだろう。

芭蕉の「奥の細道」に福島の須賀川で詠んだ句がある。

「世の人の見つけぬ花や軒の栗」

芭蕉の友人が、質素な庵《いおり》を結んでいる。そこに1本の栗の木。その木に白い花が咲いている。栗の花は、桜のように華やかではない。地味である。しかしその地味さ、謙虚さが芭蕉には、友人の生き方そのものに思えたのだろう。だから感動し、この句を詠んだのだ。

エッセイを書く時も、「世の人の見つけぬ花」を見つける必要があるのだと思う。皆と同じ視点ではなく、他の人が美とは思わないところに美を発見したり、感動したりすることだ。これをエッセイに書けば、多くの人の心に響くことだろう。

昔は、行李《こうり》一杯の原稿を書けと言われた。とにかく上手い下手を気にせず書くことが、独自の文体を作り上げる秘訣なのだ。たくさん書くことで、自分の体内のリズムと文章のリズムがシンクロし始める。

ある人は、短文で体言止めが自分の気持ちを表すのに最適だと思うだろう。

またある人は、句読点のない長文が自分のリズムだと思うだろう。

体内のリズムと文章のリズムがぴったりとシンクロするまで書き続けよう。

名文かどうかは、自分が決めるものではない。体内のリズムに合わせて、文章のリズムを見つけることができれば、その文章のリズムに共鳴する人が現れる。その人が読者なのである。読者が文章を読み、方三寸が感動で震えたら、その文章は名文なのである。

作家というのは、自分の文体を作り上げるために非常に苦労する。自分の文体を作り上げることができれば、作家として成功することができる。その文章が読者を感動させるからだ。

西村賢太さんという作家がおられた。『苦役列車』で芥川賞を獲《と》られた。

彼に何度かお会いしたことがあり、対談もしたことがある。

とても素晴らしい方だったが、惜しいことにお亡くなりになってしまった。

彼の文体は独特だった。難しい漢字、漢文、言葉などが交じった文章で、他の人には真似ができないものだった。

「結句」「端（はな）」「ほきだす（吐き出す）」など、普段使用しない言葉が多用されていた。

私は、西村さんの文章が好きだった。その独特のリズムが私の鼓動と合い、西村さんの世界に入っていくことができた。

一般的ではない文体だったが、あの文体の発明が、西村賢太という作家を生み出したのだ。

名文云々などと言う前に、とにかく書き、書きまくることでしか、作家への道は開けない。

6 リスキリングの壁

学びへの野獣性を解放すべし

リスキリングが流行だ。ニュースでも頻繁に取り上げられる。

私のように高齢者になった者は、何をいまさらと冷めた目でこのニュースを見ている。

教育業界や人材派遣業者が政府と組んでぼろ儲けを企んでいるんじゃないかと陰謀説も唱えたくなる。

しかし、私の友人で、幾つになっても学びを忘れない人がいる。

彼は、ある上場企業の社長、会長を歴任していたが、一人でニューヨークで数か月過ごしたいと英語のレッスンに通った。

それまではどこに行くにも秘書や通訳がついてくる。不自由はない。彼は何もする必要がなかった。

しかし、すべての役職を離れた時、それではダメだと思い直したらしい。

スクールや個人レッスンで英語を学び直し、かつての部下の誰にも言わずニューヨークに旅立った。充実した1か月を過ごし、無事に帰国した時は、やり遂げた感があり、満足そうだった。偉いと思う。幾つになっても学ぶことは重要だ。好奇心を刺激することが若返りの秘訣である。

先ほどはリスキリングを少し揶揄《やゆ》してしまったが、彼のように学び直しが若返り策なら、いいかもしれない。ある意味、自らの中に封印し、眠らせていた野獣性を解き放つことがリスキリングの本旨かもしれない。

60歳を過ぎて再雇用され、リスキリングを命じられたとしよう。

リスキリングとは、今までとまったく違う分野を学ぶことだ。今までは足で稼いでいたが、今度はデジタルという武器を使いこなさねばならない。

嫌だなぁ。面倒だなぁ。こう思うのが普通だ。しかしここで考え直そうじゃないか。

強制され、嫌々リスキリングするのでは絶対に効果は生まれない。自ら欲して、やらされ感のない学び直しだ。これはチャンスだ。会社の費用でデジタルその他を学び、資格の1つも取れれば儲けものだ。この時、自らの野獣性を解放し、リスキリングに取り組めばどうだろうか。まったく新しい世界が広がるかもしれない。

60歳を過ぎたら、昨日と同じ日が明日も続くと思いがちだ。何もかも変化を嫌い、停滞する。しかし自らの意志で、リスキリングに取り組めば、人生が二度おいしくなるかもしれない。「やれば、できる」のだ。やらないからできないのだ。

カルチャーセンターなどで学ぶ機会、場所は多くある。民間ばかりではない。公的なカルチャー講座も多い。デジタルばかりではない。文学、語学、歴史、哲学など充実した人生を送るためには、学びは必要だ。

サミュエル・ウルマンというアメリカの詩人が「青春とは人生のある期間を言うのではなく心の様相を言うのだ」と理想や探求心、希望を失うなと詠《うた》いあげている。

リスキリングがブームだから実行するのではなく、60歳を過ぎたら、リスキリングを生活の中に取り入れるのも充実した人生を過ごす秘訣だ。

7 マラソンの壁

56歳で始め、100キロマラソンへの挑戦

作家という仕事は不健康になりがちである。

一日、何時間も机に向かっている。時々、手を休めて机から離れ、部屋の中でもいいから歩かないと、この生活は腰や足にかなり悪いらしい。

また頭を使うので脳が疲労する。夢の中でも小説の登場人物が暴れることがある。熟睡できない。酒を飲む……。

そこで私は極力、運動をすることにしている。

朝や昼に、ＮＨＫＥテレで放映されるテレビ体操に合わせてストレッチや体操をするのが日課になった。これは10分で体がほぐれるからとてもいい。

またコロナ禍で新たにゴルフに取り組み始めた。なかなか上手くボールを打てないが、ごくまれにパーなんかとると興奮する。

一方、マラソンも続けている。

マラソンは、近所の人に勧められて56歳で始めた。

始めた当初は、体重が80数キロもあり、また日本振興銀行（のちに日本初のペイオフで破綻した）の問題も抱えており、自殺をしかねないほどの悩みの中に落ち込んでいた。

自宅の周りには記者が張り込んでいて、神経が休まる暇がなかったのだ。

「マラソンをしませんか？」

近所の人から、マラソンサークルへ勧誘された。

私は、走ったことなどなかった。

「走れませんよ」

躊躇する。

「大丈夫ですよ」

彼は笑顔だ。

私は、気分を変えるのにいいかもしれないと考え、練習に参加することにした。

早朝、近所の方々といきなり10キロを走った。ゆっくり、ゆっくり、おしゃべりしながら。

参加者には主婦が多かった。

彼らは、いろいろな悩みを明るくしゃべりながら走る。子どものこと、家計のこと、嫁《よめ》姑《しゅうとめ》問題などなんでもござれだ。

走りながら彼らの会話を黙って聞いていた。

私は、はたと気づいた。

「誰にでも悩みがあるんだ」ということ。こんな当たり前のことに気づいたのだ。

トラブルに巻き込まれ、私は深く悩んでいた。しかし、悩んでいるのは私だけではない。誰もがそれぞれ悩みを抱えているのだ。

それまでは私一人が悩んでいて、この世で一番不幸だと思っていた。しかし違う。誰もが悩んでいるのだ。

この「気づき」で、私の心の中でレジーム・チェンジ（体制転換）と言うと大げさだが、そのように表現するしかない心の変化が起きたのだ。「悩みの相対化」である。自分の悩みを客観視できるようになったのだ。気分は快適、爽快になった。

後に専門家に聞くと、軽いジョギングなど一定のリズムを刻む運動は脳にいいらしい。β－エンドルフィンという脳内物質が発生して幸福感が得られるのだ。

気分が爽快になった私は、週３回ほど、彼らと一緒に走るようになった。

速くなんか走れない。ついていくのにやっとということもあった。

しかし、体というのは徐々に慣れてくるものだ。数か月後には、体重も70キロ台前半まで落ち、つくばマラソンを完走するまでになったのだ。

マラソンに関しては『55歳からのフルマラソン』（新潮新書）や『56歳でフルマラソン、62歳で100キロマラソン』（扶桑社文庫）に詳しく書いた。

転んでもただでは起きない（？）作家魂である。

100キロのウルトラマラソンも完走した。

市川團十郎（13代目）の奥さんだった小林麻央さんの健康回復を祈念して、彼女の故郷である新潟の「えちご・くびき野100kmマラソン」を完走した。

麻央さんとは、フジテレビの番組でご一緒して以来、交流があった。結婚式にも招かれた。素晴らしい結婚式で、彼女はまるでシンデレラだった。

彼女ががんになったと知り、その回復を祈って100キロマラソンに挑戦することを決めた。

麻央さんに挑戦のことを伝え、「完走するから病気に負けるな」とメールした。

彼女から感謝の返事が来た。

山あり谷ありの１００キロをなんとか走りぬき、「麻央さんの健康回復を祈る」というタスキをかけてゴールインした。

タスキをかけたガッツポーズの写真と、「完走したぞ、麻央ちゃん頑張れ」というメッセージを彼女に送った。

すぐに彼女から「ありがとうございます。頑張ります」という返事が来た。

誰かのために走るという感動を味わった。彼女は絶対にがんを克服すると確信した。今思えば、入院中の彼女に、変なオッサンからのメールは迷惑だったことだろう。

翌年、「飛騨高山ウルトラマラソン」に挑戦した。しかし、80キロ辺りで挫折してしまった。

麻央さんに「ごめんなさい」というメールを送った。

彼女からは、「そんなに長い距離を頑張っていただき、ありがとうございました」と感謝の返事が来た。

しかし、不吉な予感がよぎったのは事実だった。

１週間後、彼女は帰らぬ人となった。

今、テレビで勸玄《かんげん》君（現市川新之助）、麗禾《れいか》さん（現市川ぼたん）の姿を見ると、麻央さんにそっくりで彼女のことを思い出す。

元気だったら、どれほどよかったことか。『善人は若死にをする』という大西赤人の小説のタイトルを思い出した。

マラソンは本格的にやると体に結構負荷がかかる。何事も勝負と考えるようになると、どんなスポーツもそうなのだが、健康のために始めたことでかえって健康を害してしまう。

マラソンランナーの増田明美さんと話したことがあるが、ものすごいスピードで走ると、景色が青く見えるらしい。これは体に悪いそうだ。楽しんで走るに限る。

高齢者になったら、勝負は諦め、「いい加減」にスポーツを楽しむのがいい。

近所をジョギングしたり、散歩をしたりするのだ。これは気分や脳の活性化にとても役立つ。

近所をゆっくり走ると、季節が感じられていいものだ。

記録を狙ったり、他人と競ったりするのではなく、自然の中をゆっくりと走ることがお勧めである。気分が爽快になり、会社勤務や家庭のいろいろな悩みを解決してみようという気力が湧いてくるだろう。

8 ゴルフの壁
暴走老人は敬遠される

私は、ゴルフにはあまり興味がなかった。銀行員時代も付き合いで仕方なくプレーしていた。だから当たり前だが、練習もしなかった。

一方、妻の方は、子育ても終わり、ゴルフに関心を持つようになり、私を留守番に置いて、友人とラウンドに出ていくようになった。

若い頃、ごろりと横になってテレビのゴルフ番組を見ていたら、妻が掃除機で私の頭をコツンと叩いて「止まっているボールを打つのがそんなに楽しいの」と怒った。

それもそのはず、同期会で宮崎県のシーガイアに泊まり、ゴルフに行くからだ。

当時、第一勧業銀行はメイン銀行としてシーガイアとフェニックスカントリーを支援していたので、半ば強制的にそこを利用しなければならなかったのだ。

1泊2日のゴルフ旅行。10万円以上の支出を覚悟しなければならない。

たいした給料をもらっていなかったので、妻とすれば「なんでそんな無駄遣いするの！」

という気持ちだろう。

当時は、付き合いゴルフに行くたびに肩身の狭い思いをしたものだ。ところが今は、妻がゴルフに行き、私が留守番だ。世の中というものは、必ず主客転倒《しゅかくてんとう》があるものだ。

妻が還暦になった。妻にはいろいろと大変な思いをさせた。それで埼玉県の飯能ゴルフクラブに入会させた。妻や私の親しい仲間が会員になっていたからだ。妻は非常に喜んだ。しかし私は入会せず、相変わらず留守番に徹していた。親しい友人たちが盛んに入会を勧めたが、断っていた。けれど世の中、コロナ一色になった。マラソン大会も無くなった。何かしなければ運動不足になる。そこで私も、妻が入会している飯能ゴルフクラブに入ることにしたのだ。夫婦ともどもいつまで健康で暮らせるかわからない。

コロナ禍がいい機会となって、妻と2人で同じゴルフ場でプレーしようと考えたわけだ。それが2年前。今ではすっかりゴルフの虜《とりこ》になってしまった。

ゴルフがいいのは、老若男女、年齢の別なくプレーできることだ。若いから上手い、ボールが飛ぶから良いというスポーツではない。また、男性が有利でもない。誰もがフィールドで楽しむことができるから、高齢になっても楽しめる。

もう一つは、同世代ぐらいの高齢者仲間が増えることだ。皆さん、会社でそれなりの立場だったり、自分の会社を経営されていたりする方が多い。だから話題が豊富だし、私とも関心事が合う。ゴルフは紳士のスポーツと言われるが、彼らと一緒にプレーすることで改めて老後のマナーを学び直している。

他のプレーヤーと挨拶をすること。勝負に熱くならず、楽しむこと。お先にどうぞと譲り合うことなど。歳を取ればせっかちになり、怒りが増幅する人を多く見かける。いわゆる暴走老人だ。

ゴルフ場では暴走老人は敬遠される。誰もがルールとマナーを守って、白球の行方を楽しむのだ。

特によかったことは、妻と一緒に練習し、プレーを楽しむことができることだ。お陰で、夫婦2人の暮らしに会話が増えた。その内容は、「あなたはいつまでも上手くならないわね」と叱られるばかりではあるが……。

プレーの後、仲間と会話するのは何よりの楽しみである。あなたもメンバー同士の交流が盛んなゴルフ場の会員になられる機会があれば、人生の楽しみが確実に一つ増えるだろう。

しかし、そうは言っても先立つものがなければ楽しむことができない。

ゴルフクラブに入会するには、安くても数百万円は必要になる。ビジターでプレーするとなると、都心からかなり遠くに行かなければ安くプレーできない。遠ければ交通費が高くつく。

そしてなによりも独身ならいいが、妻の壁を越えねばならない。私の場合、幸いにも私より妻の方がゴルフに熱心なので、壁は高くない。

しかし既婚者の場合、ゴルフに関心のない妻にしてみれば、「止まっているボールを打つのに、なぜあんなに高いお金を払わないといけないの？」と腹が立つだろう。昔の私の妻と同じである。この壁を乗り越えるのはなかなか難しい。無駄遣いするなという妻と無駄遣いしたい夫。これはどこまで行っても交わることはない。

ましてや妻に黙って新しいゴルフクラブでも買おうものなら、「もっと稼いでからにしろ！」と怒鳴られるかもしれない。これに関する解決策を私は知らない。定年後に月１回でもゴルフを楽しめるかどうかは、それまでの妻への、家庭への貢献度で決まるからだ。

まったく貢献していないなら、ゴルフをやろうとは思わないことだ。もし妻の壁を乗り越える努力もせずにゴルフに行けば、妻の壁がどんどんそそり立ち、やがてそれに圧し潰されるだろう。

第4章

シニア起業は「正直」を貫け

1 リスクの壁

自分のファンを多くつくるべし

会社を定年退職し、起業する人が多くなっているようだ。

私は、起業ではないが、49歳で銀行を早期退職し、作家として独立した。個人営業である。

なぜ49歳で銀行を辞めたか？　作家として独り立ちしようという大望があったわけではない。情けないが、もうこれ以上、銀行に勤務していたら壊れてしまうと思ったからだ。

理由はいろいろあって書き尽くせないが、49歳という年齢が背中を押してくれたことは事実である。

50代になると、失敗は許されないし、銀行の中で新たなポストに任命され、辞めるに辞められないと思ったのだ。40代なら、まだ体力も気力もあり、失敗してもやり直せる可能性が幾分か残っているだろう。私の単なる思い込みかもしれないが、40代と50代では大きく違う気がする。たった1歳の差ではないかと嗤《わら》うなかれ。その場に立ってみると、この1歳の差が大きいことに気づくだろう。

ましてや60歳で定年となり、起業するとなると、相当慎重にならなければいけないだろう。

今、私は69歳。とてもじゃないが新たな事業を起こす気にはならない。

60代と言えば、終活を考える年齢でもある。人生１００年時代と言われても、そこまで元気で、認知症にもならずに生きられるとは思わない。

定年から平均寿命の80数歳まで残すところ20年である。友人で80歳を超えた人もいるが、彼らに共通しているのは、70歳を超すとかなりガタが来る。75歳、80歳となるにつれ、何か体の中に悪いものが蓄積していく気がするという。彼らの話を聞いていると、本気で頑張れるのは70歳までのようだ。60歳で起業したら、たった10年しかない。65歳なら5年である。

私は、1人で活動している。事務員もいない。事務所に所属しているが、タレントとしてであり、他人を養う義務はない。あえて養う義務があるとすれば妻だけである。息子も完全に独立しているから。

こんな状態だから、私は、今も小説を好き勝手に書くことができるのだ。

60歳を過ぎて起業しようという人は、いろいろだろう。まだ子どもが成人していなかったり、住宅ローンがあったり……。しかし、頑張れるのは5年から10年である。投資に見合うだけのリターンが得られる可能性は極端に低くないか？

止めた方がいい。60歳を過ぎて起業するのはリスクが高すぎる。

ネットには、シニア起業を誘う記事が多くみられる。国の支援もあり、借金も容易だ、こんな人が成功している云々。こんな記事を見ていると、俺にもできるんじゃないかと思いがちだ。しかしほとんどが失敗するだろう。

中には、シニア起業で上手くやっている人がいるのも知っている。

彼らが上手くやれている秘訣は次のようなことだ。

①欲望で起業したのではなく、やむに已《や》まれずに行動を起こしている。
②大成を望まず、小成でいいと思っている。だから結果的に小成である。
③自分の技術や趣味を生かしている。それに対する顧客の評価が高い。
④よほどのことがない限り借金はしない。

例えば、寿司屋を2店舗営業している友人は60歳を過ぎて独立した。

以前働いていた寿司屋の経営者が替わり、辞めざるを得なくなったからだ。

以前、独立を考えないのかと私が聞くと「雇われて寿司を握っている方が、余計な苦労をしなくていい」と笑って答えていた。

寿司を握って、客と会話するのが好きな職人肌の人物だから、雇われている方がいいのだろうと思った。

しかし人生は思うに任せない。経営者が替わると、年配の彼が働きにくい職場環境になった。このままではストレスが溜まり、美味い寿司を握れないと思った彼は、独立を決断した。そして独立した。彼には、彼を応援する客がいた。それで客は独立した彼についていき、新たな店の客となった。社長になったものの、彼は今でも現場に立ち生き生きと寿司を握っている。

弟子が責任者になっている店を含めて2店舗になったが、もっと大きくしようという野心はない。自分が満足のいく寿司を握りたいだけなのだから。

60歳を過ぎての起業はリスクが高い。それでも起業するなら、大儲けしてやろうなどという妙な野心は抱かず、自分の力量の範囲内で、リスクを最小限に抑えることを考えるべきだろう。

2 起業時の口座開設の壁

信用金庫、信用組合に相談すべし

最近、自宅に大手銀行系証券会社の若手社員が訪ねてきた。投資信託を勧めにきたのだが、取材がてらに最近の会社事情を聞いてみようと思った。

一番驚いたのは、彼は大手銀行に入行したということだ。その話を聞いて「えっ」と開いた口がふさがらなかった。

どういうことかというと、彼は大手銀行に入行したのだが、その直後から証券会社に出向し、今、5年目になるのだが、いまだに証券会社に勤務しているのだ。そして個人客相手に投資信託を販売しているというわけだ。

「君は、銀行員になりたかったのではないの？」

私は聞いた。

「ええ、そうなんです。父が中小企業を経営していますので、そうした人を助ける仕事をしたいと思っていました」

彼は答えた。

「それなのに証券会社だなんて、不満はないの？」

「ない、というわけではないのですが、証券会社もいいなと思っています」

彼は微妙なほほえみを浮かべた。

大手金融機関は、ホールディングス制になっているところが多い。持ち株会社の傘下に銀行や証券会社、信託銀行がぶら下がっている。

そのため、銀行に入行して企業の支援をしたい、優良な企業を発掘したいという希望を持っていても、必ずしも銀行に配属されるとは限らないのだ。

そういえば知人の中堅行員も証券会社に出向している。

銀行員と証券マンはまったく違う。同じ金融機関でも銀行は企業などを融資で支援していく。預金や融資を積み上げ、資金のストックで利益を上げていく。証券会社は企業などの資金を運用する。もちろん投資的手法を通じて企業支援を行うこともあるが、資金のフローで利益を上げる。仕事が違えば、人も違ってくる。

以下は、私が広報部員時代に聞いた話。銀行員と証券マンの違いがよくわかるかもしれない。

1997年の第一勧銀総会屋事件の発端は、野村證券が総会屋に利益を供与していたことだった。野村證券やその他の証券会社の幹部たちが逮捕された。

証券会社に踏み込んだ東京地検は、そこから官僚や政治家逮捕へつながると考えていた。ところが、はっきりとした証拠が出ない。証券マンは、ヤバイと思われる証拠は残さない。みんな自分で飲み込んでしまうのだ。結果として、ある中堅政治家が自殺し、官僚や政治家への捜査ルートは立ち消えとなった。

その時、ある若手検事が、資金ルートが第一勧銀であることを摑み、そちらを攻めようと幹部に提案した。

歴史に「if」はないが、もし証券マンが、どんなヤバイことも克明な記録を残す（自己保身のためにも）習性があれば、第一勧銀総会屋事件は起こらず、したがって「江上剛」もいなかったと言えるかもしれない。

若手検事の提案を受け、東京地検は第一勧銀の強制捜査に踏み切った。

私は、今でも彼らが本店を襲う光景を忘れられない。日比谷公園に集合した200人（正確なことは知らない。もっと多かったかもしれない）ほどの検察官や事務官たちが隊列を組んで本店に、まさに進軍してくるのだ。ザックザックという彼らの靴音が聞こえたような気がした。昭和11年（１９３６年）の２・26事件を彷彿とさせると言えば大げさだろうか。

最近、テレビのニュース映像で大手広告会社に東京地検の強制捜査が入る場面を見たが、迫力がない。数人でまるで仕事の打ち合わせにでも行くようにビル内に消えていく。東京地検も人手不足なのかと半畳を入れたくなる。

まあ、そんなことはさておき、銀行の隅から隅まで調べた東京地検は大いに驚いた。

何に驚いたかというと、克明な資料が残っていたからだ。誰を接待したか、総会屋以外にもどんな不正融資（不正の認識も克明に記録されていた）を行ったか、とにかくあらゆる証拠が残っていたのだ。

ある検事は「さすが銀行員は真面目だ」とやや呆れたという。その真面目さは自己保身から来るのだろう。メモさえ残しておけば、上司の指示で不正を実行しただけで自分は罪を免れると思ったのかもしれない。

だから地検は、総会屋事件の証拠ばかりではなく、大蔵省（現財務省）や日銀など他の官庁との癒着資料も集めていた。

その中でも「これは処理しないと大事《おおごと》になりますよ」と検事から言われたのは、某大物政治家への5億円の不正融資だった（名前は秘匿するが、私の『座礁―巨大銀行が震えた日』〈朝日文庫〉を読んで欲しい）。

銀行トップは苦渋の表情で私に「小畠《こはた》（江上剛の本名）、なんとかならないか。これが発覚すれば、総会屋事件以上の大事になる」と言った。その不正融資には銀行のトップが数多く絡んでいたからだ。しかし、回収さえできれば不正融資ではなくなると地検は示唆していた。

銀行トップというのは楽でいい。苦渋の表情を浮かべて、部下に命ずれば、有能な（？）部下がなんとかしてくれるからだ。

詳細は省くが、私は某大物政治家や秘書に直接面談し、何度か交渉を重ね、融資全額5億円を現金で回収した。2回に分けて秘書が現金を運んできたが、某銀行（某ばかりで申し訳ない）の帯封の現金の山を見た時は、してやったりと思ったものだ。

「全額回収しました」

私は、銀行トップに報告した。

「うむ……。ご苦労」

相変わらず渋面で言った。慰労の一言もない。まるで時代劇だと私は内心で笑った。もしこの融資が焦げ付き、不良債権化したならば、私の目の前で渋面を浮かべている銀行トップもお縄頂戴になったかもしれないのだ。だったらもう少し喜べよ、感謝しろよと言いたくなったが、私は何も言わず頭を下げ「失礼します」とその場を去り、次の問題解決に向かった。

長々と思い出話をしてしまったが、何を言いたかったかと言えば、銀行員と証券マンはまったく違う人種だということだ。

銀行員が真面目で証券マンが不真面目というのではない。

銀行員は、細かく企業の話を聞き、企業のニーズをどのようにしたら実現できるかを考えて行動する。本来、投資信託をどれだけ販売して手数料をどれだけ稼いだか、運用でどれだけ稼いだかなどには関心がない人種なのだ。どんな企業を支援したか、どんな企業を発掘したかに、地味に喜びを実感する人種なのだ。こんな人種は長い時間をかけて育てないと育たない。

私の家に訪問してきた、銀行員なのに証券マンになってしまった彼を見て、大手銀行は銀行員を育てる気がないのだと思った。運用というフローの収益を追う証券マンを育成したいのだ。地味で時間のかかるストックを積み上げることには関心が薄い。どうしてそんなことになってしまったのか、残念でたまらない。

もし定年後に起業したいと思ったら、大手銀行には相談するな。相談しても、彼らは、定年後の60歳を過ぎた人間が起こそうとする会社になんかまったく関心がないだろう（私の誤解でなければよいが）。

それよりも退職金をリスクのある投資信託で運用させて、手数料を稼ごうとするだろう。そちらの方に関心がある。そちらの方が自分の評価を上げることにつながるのだから。

結論を言うと、地元の信用金庫、信用組合に相談しなさいということだ。彼らは地元に少しでも会社を増やしたいと熱望している。それが本来の業務だと心得ている。大手銀行には足を運ぶな。気分が滅入《めい》るだけだ。地元の信用金庫や信用組合に足を運べ。

3
融資書類の壁
銀行員はこんな書類に融資したい

定年後の60歳を過ぎてから起業しようという人は、情熱家でなくてはならない。残された時間内に成果を上げねばならないのだから、熱意は壮年の2倍も3倍も必要だ。

友人は50歳でコンサルタント会社を起業したが、2年は赤字だったと言っていた。その間に地味な営業努力を怠らなかった結果、3年目からようやく少し黒字になった。

起業後、すぐに黒字化して、左団扇《ひだりうちわ》なんて事業はないと覚悟した方がいい。

銀行に行けば、60歳を過ぎていると、よほど信用がない限り、住宅ローンさえ貸し渋るのが現実である。子どもを保証人にすることができないかと言われる可能性がある。

最近は、起業を促進するために保証人不要となりつつあるが、それでも個人保証を求められることがあるのが現実である。

さてそれだけの熱意があれば、事業プラン、資金計画、現在の個人資産状況などの詳細な書類を作るのは難しくないだろう。

長年温めていた計画である。それが定年という自由を得て、実現するのだ。嬉しくて将来ビジョンを作るのが楽しくて仕方がないはずだ。

それを面倒だと言うのなら、起業は止めるべきである。熱意がない起業は、絶対に失敗する。起業「でも」するかという「でも」的姿勢ではダメだ。

普通の教育を受けた銀行員なら、書類とそれを説明する姿勢だけで本気度がわかる。銀行員も人間である。彼のエモーションを揺さぶれないようではダメだ。

起業の最初の壁は銀行員であると思い、その壁を打ち破る熱意と作戦を将来ビジョンに込めようではないか。

融資を行いたくなる書類の書き方は、ただ一つ。何度も言うが、起業する人の熱意が伝わることだ。

行いたくない書類は、「絶対に個人保証は嫌だ」という姿勢がわかる内容だ。

個人保証は、事業が失敗すれば、個人財産で保証することだ。銀行がそれを求めるかどうかはわからない。

また個人保証を免れる要件などもあるが、最初から「逃げ」の姿勢が見えると、それは鋭く見抜かれてしまう。

もう一つ、ユニークであること、視点が新しいこと、社会貢献的であること、利益の見込みが堅実であることなどが書かれているといいだろう。

まったく市場がない仕事であっても、銀行員が「なるほどね」と納得するような視点があればいい。

それと付け加えるなら、子どもと一緒に起業するなど、60歳の定年後のプランに若者が共鳴している姿がわかれば最高だ。説得する相手の銀行員は、子どもと同年齢ぐらいだろうから。いずれにしても若者を圧倒する熱意を書類と説明に込めよう。壁は高く、堅牢であるから。

絶対にしてはいけないこと。それは政治家や有力者に口利きを頼んで融資を受けようということ。これはやってはいけない最悪のことだ。これをやると銀行からの信用は皆無になる。否、マイナスになるかもしれない。

世間の人は、政治家や有力者に頼めば銀行の融資が受けやすいと思っているが、これは大いなる間違いだと強調しておきたい。

4

信頼できる銀行員の壁

どんな銀行員と付き合うべきか

長く銀行に勤務し、人事部にもいたので信頼できる銀行員とはどんな人かと聞かれることがある。残念な傾向だ。以前は銀行員というのは、堅くて真面目で信頼の代名詞のような職業だったからだ。

明治時代だと思うが、銀行員が入居してくれるなら、家賃はタダという下宿があったという。

それがどうしたことか、バブル期以降は信頼されなくなった。無理やり投資を勧める、巨額の融資を実行されて債務者がにっちもさっちもいかなくなって銀行に相談に行くと、担当者はいなくなっている、横領、不正融資、癒着と、なんでもこいという状況があったからだ。

人事部で勤務していた頃、行員の不正を処分する担当をしていた。こんなひどい事件を思い出す。

取引先が銀行から融資を受けて株式投資を行い、簡単に巨額の利益を上げている現実があった。

その融資を担当していた支店行員や幹部たちは、取引先が大儲けするのを横目でみるだけではなく、自分たちも儲けたいと思ったのだ。

銀行の中にはインサイダー情報が溢れている。特にバブル期は、ある会社の株が買い占めに遭うなどの情報がすぐに手に入った。支店の行員や幹部たちは株の買い占め情報を入手し、勝手に投資資金の融資を実行した。

融資の稟議書《りんぎしょ》を自分たちで書き、幹部が実行印を押印すれば、融資を実行できたからだ。

そしていわゆる提灯買いという値上がり確実な買い占め株を、その融資資金を使って購入したのだ。

悪事はバレる。人事部は、彼らの不正を厳しく処断し、退職させたこともあった。

こんな行員は一部だと言いたいが、バブルは間違いなく銀行員のモラルを破壊した。

そしてバブル崩壊で傷ついた銀行の財務内容を立て直すために、銀行自身も取引先の利益よりも自分たちの利益を優先する経営に変わったのである。

バブルは非常に罪深い。銀行員と銀行自身のモラルを崩壊させたと言えるだろう。

厳しいことを言ったが、銀行員は基本的に信頼できることは間違いない。

就職先として銀行を選択する時点で、取引先の支援をしたいという志《こころざし》を抱いていることは間違いないからである。

その上で信頼できるのは、取引先の話をじっくりと聞いてくれる銀行員である。取引先の立場に立って、話を聞き、関心を持ってくれれば、時間をいとわず製造現場や経営する店にも足を運んでくれる銀行員は信頼できる。

口が上手くて、見るからに軽々しいのはダメだ。話を十分に聞かず、投資信託など金融商品をセールスするのもダメだ。

「酒が好きなんです。あの店、なかなか美味いですよね」「ゴルフをよくやります。社長は、あの名門コースのメンバーですよね」などと遊びを話題にするのもダメ。暗に要求しているのだ。

信頼できるかどうかは起業する人自身が見抜かねばならない。60歳にもなれば、多くの人との出会いの中で、人物を見極める目も養っているはずだ。

まず自分の目を信じよう。

一つだけ見極める方法を挙げろと言われれば、気の合わない銀行員とは無理に付き合わないことだ。

気の合わない理由はいろいろだ。かつての嫌な上司に顔や雰囲気が似ている、妙にエリート風を吹かせる、やたらと自慢が多い、約束を守らない、時間にルーズ、書類などの準備が悪い、何度でも同じことを聞く、上司にはペコペコと腰が低い（こういう銀行員は上司に融資実行をプッシュしてくれない）……。

こうやって挙げると、銀行員ではなくても付き合いたくないタイプだ。そんな銀行員と無理して付き合っていると、しなくていい失敗をするに違いない。

5 法人の壁

個人か法人か

私は個人で活動している。法人を設立しているわけではない。どちらが収入が多いとか、経費を使えるとか、そんなことを考えたこともない。そんな余計なこと（?）を考える暇がなく作家生活20年になってしまった。

私だけが創作活動をし、スタッフを雇っているわけでもないので個人で十分なのだ。私が書かなくなった、書けなくなったら、それでジ・エンドなわけだから個人で十分である。稼いだらちゃんと税金を払うこと。妙な節税などを考えるくらいなら、新しい作品の構想を練る方がいい。

しかしながら定年後の60歳で起業する人は、法人を設立した方がいい。

1円で起業できるが、資本金は事業を始める元手だから、せめて３００万円くらいでスタートしたらどうだろうか。

法人のメリットは、その方が社会的に信用される場合が多いということだ。

個人より法人の方が、経費が使えるとかは考えない方がいい。経費を使う前に、その経費の元となる利益を稼がねばなんにもならないから。

私自身の経験で言うと、企業や官庁などに出入りする際、個人名ではなかなか会ってくれないし、出入りさえ許可してくれないところもある。法人にしていれば、まずそんな不都合な目に遭うことはない。

また取引をする際に、相手企業から「法人でお願いします」と言われるケースがあると聞いた。

いずれにしても事業を起こすわけであるから法人にした方がいい。税金の面での有利・不利だとか、どちらの方が儲かるかなどという些末《さまつ》なことを考えるんじゃない。

まず会社を作ってみて、作った以上は社会的責任を自覚して、事業に邁進するのがいいだろう。

6 起業成功への壁

妻の趣味を生かす

定年後、60歳を過ぎてから起業するには、どんな業種がいいのだろうか。

2年から3年は赤字覚悟で続けることでいずれは少額でも黒字になる可能性がある事業。

もう二度と宮仕えはしたくない、小さくても一国一城の主でいたいという希望を満足させてくれる事業。

そんな事業があればいい。そして、自分が楽しんでやれる事業がいい。

もしかしたら奥さんの趣味を生かすことも考えたらいいかもしれない。

定年後の起業ではないが、カレーの一大チェーンの「ココイチ」で有名な㈱壱番屋の創業の切っ掛けは、喫茶店で提供していた奥さん手作りのカレーが評判だったことだ。

高級子供服の世界的ブランド「ミキハウス」も奥さんがデザイナーで、そのデザインが秀逸だったからだ。

こんな立派な会社の事例は参考にならないかもしれないが、奥さんの趣味を世間に知ってもらいたいという気持ちで起業するのもいいのではないか。夫婦で協力すれば、定年後も生き生きと暮らせるだろう。

コーヒー、パン、お菓子、料理、ワインなど、夫が会社勤めで無趣味で働いている間に、奥さんが趣味道を究めているという例は多い。それをビジネスにするために夫の会社勤務経験を生かすのである。財務、労務、仕入れ、営業など会社勤務で培ったノウハウを生かして、奥さんの才能を世に羽ばたかせてみるのもいいだろう。

そして何より起業の成功のポイントは、ただ一つである。

それは「正直」ということ。

そんな単純なこと?と思うなかれ。私は銀行員時代、多くの企業を相手にしてきた。また作家になってからも企業取材を続けてきた。さらに安田善次郎や大倉喜八郎、池田成彬などの経営者をモデルに小説を書いている。

それらの、どの場合においても成功する秘訣は「正直」であることだ。

しかし、これを貫ける企業や経営者は案外と少ない。

最近でも東芝は不正会計で経営危機に陥った。三菱電機も製品の品質不正問題が発覚した。過去においても私が勤務していた第一勧銀の総会屋への不正な利益供与など、企業の「不正直」は枚挙にいとまがない。

その結果、破綻するところもあれば、長く経営不振に陥るところもある。

かの金融王安田善次郎も、「商人の道は、正直という正しい道しかない」と断言している。

経営不振に陥った会社を再建する際も、経営者が正直であるかが重大なポイントになる。

経営者が正直であれば、経営不振になっても再建は可能である。しかし不正直であれば、破綻は必至である。

「正直」は、会社が関わるあらゆる人々に対してである。消費者、仕入先、販売先、銀行、従業員など企業は多くの人々と関わり合いを持っている。彼らに対して絶対的に「正直」を貫けば、成功は間違いない。

しかし一度でも「不正直」になれば失敗する。これくらいはいいだろう、一度くらいはいいだろうという甘さが墓穴を掘るのだ。

石田梅岩（1685～1744）という人物がいる。

職業倫理と富の蓄積を説き、資本主義の思想的基盤を作ったのはプロテスタントのカルヴァン（ジャン・カルヴァン）であるが、彼と並んで「日本のカルヴァン」と呼ばれている。

梅岩は「倹約と富の蓄積を商人の天命」と位置づけ、江戸中期（十八世紀）に石門心学《せきもんしんがく》を創始し、多くの商人たちに商人道を教えた。

彼は、松下幸之助や稲盛和夫など多くの名経営者にも影響を与えている。

彼の著書『都鄙《とひ》問答』の中で、「商人は直に利を取るに由て立つ」（商人の商売は正しい方法で利益を上げることで成立している）と言い、「小家を治るも仁、國天下を治るも仁、仁に二品の替あらんや。商人の仁愛も、間に合えばこそ」（小さな家を治めるのも仁、天下国家を治めるのも仁、仁に変わりはない。商人の仁愛も他の人々のお役に立ってこそ評価される）と説いている。

また「富の主は天下の人々なり」とも言い、商人が利益を上げられるのは消費者という一般の人々のお陰だと教えた。徳川幕府という絶対的な権力が支配する時代に、消費者という大衆に目を向けさせたのは大変な勇気である。

ただし、利益を上げるためには正しい商売をしなければならないと言い、そのためには、「売り物に念を入れ」というのは、商品の品質にこだわることであり、「少しも粗相にせずにして売り渡す」とは最高のサービスを提供することであり、「是まで一貫目の入用を七百目にて賄い、是まで一貫目有りし利を九百目あるようにすべし」とはコスト削減力と価格提供力が絶対条件であるとした。

商人にとっての正しい道とは「商人はご法を守り我が身をつつしむべし。商人というとも聖人の道を知らずは、同じ金銀をもうけながら不義の金銀をもうけ、子孫の絶える理に至るべし。誠に子孫を愛せば、道を学んで栄えることをいたすべし」（商人は国の法を守り、我が身をよく慎まなければならない。商人といえども人としての道を知らずに金儲けをし、しかも不義の金を儲けるようなことがあっては、やがて子孫が絶える結果を招きかねない。心底から子々孫々を愛する気持ちがあるなら、まず人としての正しい道を学んで家業が栄えるようにすべきであろう）なのである。

とにかく「正直」に徹し、「正直」を貫くこと。「バカ正直」という言葉は、起業する人への最高の誉め言葉である。

第5章

利害関係でなく個人の魅力で人とつながる

1 年下上司の壁

かつての部下が上司に。それはあなたが名伯楽だった証し

60歳定年後に再雇用された人が、戸惑いを覚え、悩むのは、かつての部下が上司になることだ。

厳しく鍛えたと思っていたが、実はいじめだったということもある。一番いじめた部下が、今では直属部長。あなたは60歳を過ぎ、肩書無しの平社員。今度は復讐される番だと脅《おび》えている。

しかし、これは喜ばねばならない。部下を指導しようが、いじめようが、部下が昇進したのは、全部とは言わないが、かなりの部分はあなたのお陰なのだから。名伯楽とでも称すべきだろう。

私は多くの順調に昇進する人を見てきたが、言わせてもらえば、「親がなくとも子は育つ」のである。

ある人は、「あいつも、こいつも、俺が育てた」と自慢していた。彼は、会社幹部に昇進

したかつての部下が、恩を返してくれると期待していたのだろう。

しかし私は、それは期待外れに終わるだろうと思っていた。なぜなら昇進した部下たちは、誰から見ても昇進すべき人たちばかりだったからだ。能力、識見ともに自慢している彼よりも上だった。彼は、かつて自分の部下だったという事実だけで、名伯楽を、いわば詐称していたのだ。

彼のようになってはいけない。直属の上司となったかつての部下の前で、「おい、お前」的な上司面をしてはいけない。ましてや「誰のお陰で偉くなったと思っているんだ」的な態度は最悪である。

あくまで謙虚な姿勢で働くことだ。謙虚でさえいれば、かつていじめたことがあっても復讐されないだろう。

名伯楽というのは、自分が名乗るものではない。他の人が、「あの人は名伯楽だ」と尊敬するのである。

伯楽というのは、馬の良否を見分ける才能のあった人。それから転じて人を育てるのに長《た》けた人のことだ。

育てられた人は有名になるが、育てた人はあまり表に出ることはない。

それが名伯楽なのだ。

名伯楽が表にしゃしゃり出てはどうしようもない。それでは迷伯楽になってしまう。

部下の昇進、出世を素直に喜び、彼らの部下として謙虚に仕えればいい。

すると、昇進したかつての部下はあなたを見て、どう思うだろうか。

「あの人には、指導という名のもとにいじめられた。嫌な上司だと思っていたが、今の謙虚な態度を見ていると、あれはいじめではなく指導だったのだ。なにくそ！と思って頑張ったお陰で、今の自分があるのだ。そういえば、あの人の部下が何人も部長になっている。あの人は名伯楽だったのだ」

かつての部下は、あなたの態度を見て、あなたが名伯楽だったと気づく（あるいは誤解する）のである。これで万事好都合ではないか。

逆は絶対にダメだ。かつての部下の前で威張ったらおしまいだ。

かつての部下と上司（部下の関係になったわけではないが）の立場を盾に威張った結果、みじめな思いをした友人の例を話そう。

彼は定年後、再雇用され、銀行系列の保険会社に転職した。立場上、担当部長という肩書はいただいたが、実質は部下無しの営業マンだ。

彼は上司風を吹かせて、かつての部下が支店長や部長に就任している支店や部署に「おい、お前」と訪問し、「保険に入れ」と命令口調のセールスを展開した。「誰のお陰で、お前は出世したと思っているんだ」的な態度がありあり。

結果はどうなったか。彼は敬遠され、電話をしても取り次いでもらえず、たまに取り次いでもらって、かつての部下と面談しても「先輩、ちょっと忙しいので、これで失礼します。まあ、ゆっくりしていってください」と、尻を温める暇もなく立ち去っていく。

彼は、所在なげに冷めた茶をすする。

彼は、いまだに「奴らは冷たい」とかつての部下を恨んでいる。すべては自分の尊大な態度が原因だと気づいていないのだ。

私は、多くの年上の人を部下として持った。

私が心掛けていたのは、彼らの気持ちを大事にすることだ。

彼らの長年の勤務経験、見識などを尊重し、謙虚な態度で接することにした。

お陰で非常に良い関係を築くことができ、今でも交流がある。

私が勤務していた銀行が、暴力団や総会屋などの不逞《ふてい》の輩《やから》に、巨額の不正な融資を供与していたことが発覚し、東京地検の強制捜査が入る大事件になった。第一勧銀総会屋事件である。

私は、その収拾に当たったのだが、部下は、ほとんどが年上だった。

私は、彼らに謙虚な態度で臨んだ。彼らと次第に打ち解けた。

私は、彼らと共に恐怖と闘いながら、暴力団などに不正融資され、不良債権化していた資金の回収に邁進した。

ある日、彼らの一人が、「小畠（江上剛の本名）さん、俺たちは死んだっていい。ちゃんと誇れる、いい銀行にしましょう」と私に言ってくれたのだ。それに他の部下たちも呼応し、全員で協力し、大きな成果を上げることができた。

私の場合は、かつての部下が上司になったのとは逆のケースだが「逆もまた真なり」である。「謙虚」がすべてである。それがかつての部下に仕える態度である。

かつての部下はどんな性格の人物かはわからないが、順調に昇進する人は、たいてい「謙虚」だ。

私がそうしたように、あなたにも「謙虚」に接するはずだ。

彼も「謙虚」。あなたも「謙虚」。「謙虚」が素晴らしいハーモニーを醸し出す。

こうなればしめたもの。

あなたは、かつての部下の信頼を勝ちとることができ、仕事を任され、新たな喜びを得ることができるだろう。

これであなたは本物の名伯楽になれるだろう。

仮に、かつての部下は、あなたにいじめられたと、いまだに恨みを持っていて、復讐に燃えていたとしよう。

あなたのことが大嫌い。あなたも彼が大嫌い。これは最悪だ。

しかし、これも解決できる。それは、やはり「謙虚」である。

あなたが心を変えればいいだけだ。あなたの心が変われば、相手も変わる。

「嫌い」と「嫌い」がぶつかれば「大嫌い」になってしまう。

しかし、あなたが「謙虚」になれば、かつての部下は拍子抜けして「あれ？」と思うだろう。そしてあなたを見直すに違いない。

彼は、嫌な元上司であるあなたが部下であることを知って、不愉快な気持ちになっている。

復讐に燃えていなくとも心は穏やかではない。あなたもまずいなぁとか、嫌だなぁとか、マイナスの気持ちを抱いていたら、マイナスとマイナスで反発することは必至だ。

最悪の事態になる。これを回避するには、あなたが心を開き、「謙虚」になればいい。悪かったなぁとか立派になったなぁとか、ゴマをすることはしなくていい。にこにこと笑顔で陰日向《かげひなた》なく、明るく働くだけだ。

無理にでも笑顔を作っていたら、いつの間にか心から本当の笑顔になって来るものだ。すべてはあなたの心次第。

かの名経営者、稲盛和夫さんが「すべては心が決める」とおっしゃっている。彼は「人生・仕事の結果=考え方×熱意×能力」の方程式を唱えている。熱意や能力があっても考え方がマイナスなら、人生も仕事もマイナスになる。

この方程式から、成功は考え方次第なのがよくわかるだろう。

かつての部下にプラスの気持ち、すなわち「謙虚」の気持ちで仕えるのだ。

彼は驚くだろう。

あなたの変化に最初は訝《いぶか》しむかもしれない。しかし、そのうち本物だと気づくはずだ。

そうなればあなたの成功は間違いない。

再雇用制度を引き受けなさい。考え方=心を「謙虚」の気持ちにプラスチェンジして働こう。きっと再雇用後も楽しい人生が待っているだろう。これは間違いない!

2 孤独の壁

孤独とは、長い会社員生活から解放されて味わう自由

最近、多くの会社から年賀状を廃止する旨の連絡が届くようになった。

私はとっくに年賀状を廃止しているので、ようやく多くの会社が儀礼廃止を始めたのかと思った。

日本郵便には悪いが、会社にとっては年賀状に費やす経費もバカにならないだろう。

私は、以前は６００枚から７００枚も出していたから、その手間も大変だった。その頃は、それ以上の年賀状が届いていた。出さなくなると、それが徐々に減ってきた。お返しの年賀状も出さないから当然のことだ。

日本には年賀状のほかにもお中元、お歳暮の習慣がある。

デパートなどは、この時期は書き入れ時になり、セールスに力が入る。

会社によっては上司にお中元、お歳暮を贈るところがある。会社内部の贈答は悪しき習慣ではないだろうか。

私が第一勧業銀行に入行した時、こんな経験をした。

それは入行内定者ばかり集めたパーティの時だ。人事部の課長が「君の出身は丹波だったね」と言った。

私は「はい。松茸で有名です」と答え、「今度松茸をお贈りしましょうか」と気楽に言った。

すると彼は、真面目な顔になって「贈らなくていいよ。我が行は、そうした習慣がない銀行なのだ」と言った。

私は「わかりました」と答えて「いい銀行だな」と思ったものだ。

電力王と言われた福澤桃介が名古屋電燈社長の頃、お歳暮などを持って挨拶に来る社員にそれを突っ返し、そんな気遣いは不要だと叱ったという。その結果、社内での贈答の習慣が無くなったらしい。

贈答は、感謝の気持ちではあるが、それが習慣になれば、感謝から外れ、単なる保身の悪《あ》しき習慣になる。

私は年賀状こそ出さないが、葉書や手紙はたくさん出す。家には葉書や便箋、封筒、切手を常備している。かつて一緒に働いた仲間が昇進したり、転勤したり、退職したりしたとの連絡をもらえば、必ず励ましと慰労の返事を書く。

また本当に世話になった人には、お歳暮、お中元の時期に関係なく、美味しいもの、珍しいものを見つけたら、それを贈ることにしている。

要するに習慣ではなく、感謝を込めているかどうかである。

定年退職し、今まで年賀状やお中元、お歳暮をいっぱいもらっていた人は、年々それらが減っていくのに寂しさを感じる人もいるのではないだろうか。

退職した現実を受け入れるべきだ。退職したのに現役時代と同じような状態になることを期待しているなんて、おかしい。

頭を切り替えるべきだ。年賀状、お中元、お歳暮、それらが減っていくのは当然なのだ。

それらばかりではない。かつて会社でそれなりの立場にあった人は、レストランでも料亭でも丁重に扱われたことだろう。しかし退職すれば、それらの特別対応もなくなる。

当然のことだ。その人の会社での立場に誰もが忖度《そんたく》していただけで、立場を外れれば、そんな忖度は無くなる。やっても無駄だと誰もが知るからである。

それが寂しい？　孤独だって？

過去に執着しないで、定年退職し、60歳を過ぎたら、どんどん孤独になればいい。

年賀状も止めたらいい。個人として会社の上司に贈っていたお中元、お歳暮も止めたらいい。孤独を感じるなら、こうした習慣は止めるべきだ。

毎年減っていくのを忸怩《じくじ》たる思いで眺めるくらいなら、自分から止めた方がいい。

今まで会社員として習慣的に行っていたことを止めると、孤独になってくる。しかし、それは自由になることだ。退職後も過去の栄光を引きずって人間関係をつなごうと思っていると、相手が徐々に引き下がっていき、その態度に腹が立つことになる。

「あんなに面倒を見てやったのに、あいつは年賀状一枚、寄こしやがらない」

正月早々、元部下からの年賀状が途絶えたことに腹を立てることになる。一年のスタートが台無しだ。

この不満を繰り返していると、孤立化してしまう。

ぶつぶつといつまでも昔のことを言っている。いつも昔の良かった時の自慢話ばかりで面白くない。こんな評価が立てば、孤立化してしまうのだ。これだけは避けよう。

退職し、自ら孤独になること。それは新たな自由を獲得することなのだ。

孤独を楽しもう。

退職後に新しい会社に勤務したら、そこで新しい人間関係を築く楽しみに出合える。

これは孤独にならなければ築けない。以前の人間関係に固執していたら築けない。もし、どこにも再就職しないのなら、自分の好きな人間関係を築くことができるではないか。これが孤独を楽しむということだ。

今まで会社という組織の中で面倒な人間関係に苦労しただろう。これからはそうした苦労はなくなるのだ。自分の好きな人間関係を築き、嫌なら離れることもできる。孤独になれば、そんな自由を得られる。これほど嬉しいことはない。

孤独とはあなたが初めて味わう自由なのだ。さみしいとか、切ないとか感じる必要はない。せっかく会社という組織を離れたのなら大いに孤独を楽しもう。

自由を楽しもう。孤独に強くなるとか、弱くなるとかは関係ない。楽しめばいいのだ。

3 恋愛の壁

残り少ない人生——大いに恋愛に励むべし

定年退職後に恋愛に心を奪われる人がいる。

自由になって、舞い上がってしまうのだろう。

羨ましい限りだ。

いくつになっても恋はいいものだ。奥さんとの関係が冷えているなら、別れればいいじゃないか。

別れるのには大変なエネルギーがいるらしい。それに耐えられるなら、どうぞ。

いざ、別れるとなると揉めることが多く、裁判になったり、中には巷《ちまた》を騒がせる事件になったりしてしまう例もある。こうしたことは絶対に避けたいものだ。

私の友人は、60歳を過ぎてから奥さんと別れ、若い女性と結婚した。なんと3まわり（36歳）も年下の女性だ。

彼と妻との仲は冷え切っていたらしい。実際、別居していた。

彼は慎重な男で、奥さんとの離婚話を焦らずに進め、奥さんには渡すべき財産を渡し、円満に離婚した。そして若い女性と再婚し、非常に幸せに暮らしている。

ほかにも何人かそういう例が私の周りにある。

私が知っている限り全員、社会的な立場があるか、資産を持っているか、どちらかの男性だ。

60歳を過ぎれば、それほど先が長いわけではない。あっと言う間に歳を取ってしまう。

その間、冷たい夫婦関係を維持しているより、恋人がいるなら、彼女と暮らす方がいいだろう。

すごい人がいた。

銀行の人事部時代のことだ。

支店長を経験した人が、定年退職後、失踪したのだ。以前勤務していた支店の若い女子行員と一緒に、である。

彼は、奥さんに退職金を全額渡し、「探さないでほしい」と言って消えてしまった。

慌てた奥さんが人事部に飛び込んできて、彼を探してほしいと頼んできた。

しかし私たちは彼を探すことはしなかった。彼が、自分の意志で退職後の幸せを追求したのを尊重しようということになったのだ。

若い女性と一体どんな暮らしをするのだろうか。数千万円の退職金を全額放棄して暮らしていけるのだろうか。いろいろ心配したが、恋に残りの人生を懸けた彼にまぶしいような光を感じたものだった。

あれから20年ほどが過ぎたが、今でも彼は幸せに暮らしているだろうか。

いずれにしても後に残される奥さんの生活を考えないのは無責任の誹《そし》りを免れない。

友人たちは、奥さんが困らないだけのお金や不動産を渡している。それができないで、若い女性の元に走ったら大揉めに揉めるだろう。ましてや資産があるのに渡さない選択をした場合は、さらに問題が大きくなる。

元支店長のように何もかも捨てるくらいの決意が必要なのかもしれない。

しかし冷静に考えてみよう。

60歳過ぎで加齢臭ぷんぷんの冴えない男に若い女性が恋をするだろうか。

失礼なことを言うが、芸能人でもない限り、自分では格好がいいと思っていても独りよがりなことが多い。

若い女性が近づいてくる。俺のフェロモンも大したものだ。そんなことを想像して、悦に入っていれば問題が大きくなるだろう。

奥さんにも愛想をつかされ、恋人だと思っていた若い女性には逃げられるに違いない。

「俺を介護してくれるんじゃなかったのか」

若い女性の後ろ髪を引っ張っても「そんなつもりはない」と逃げてしまうだろう。

余計なことだが、奥さんとの関係が冷えているなら、その後の人生を考えて、修復の可能性がないのかを第一に検討してみるべきかもしれない。夫婦関係には、長い間に澱《おり》が溜まる。定年を機会に、その澱を見つめ直して、取り除けないかを考えたらどうだろうか。

その上で、どうしようもなければお互い合意の上で別れるしか仕方がない。

あるデータによると令和３年（２０２１年）の離婚件数は18万４３８６組。そのうちの約21・１％の３万８９６８組が結婚20年以上の「熟年離婚」である。意外と多い。

おそらく夫に恋人ができたというよりも、奥さんが長年にわたる夫の世話にうんざりして、夫の定年後は自由になりたいと思っているからではないか。若い女性にうつつを抜かすより、定年後の安定した生活のためには、奥さんとの関係の見直しを勧めたい。

定年後の豊かな人生のために、大いに恋愛に励むべきだとは思う。しかし、それはなにも若い女性ばかりとは限らない。奥さん相手に、恋愛をしてもいいのではないだろうか。

4 同窓会の壁

歳を重ねると増える同窓会。行くべきか否か

定年退職後は、どうしても昔が懐かしくなる。

今は、ＳＮＳを利用して昔の仲間同士で会話している人も多い。政治やスポーツの話題など、若い頃に戻って議論を交わすのだ。

同窓会の誘いも増えてくる。これらの会は案外楽しいものだ。

現役時代は、同窓会はそれほど楽しくはない。

高校や大学を卒業し、社会に出て、出世するためにギラギラと目を輝かせて働いている時、同窓会に出席すると、そこにいる人たちと自分をつい比べてしまう。それで見栄を張り、会の終わりには疲れてしまう。

しかし定年退職し、現役を離れてしまうと出席者からギラギラが無くなり、枯れてくる。すると、素直に学生時代の思い出に浸ることができる。

「お前、老けたなぁ」

「お前こそ。あははは」

と、なるわけだ。

その場で、新たな関係を築いて、ビジネスをしようと考える人もいるようだが、それは邪道だ。

同窓会は純粋に、若かった頃に戻ることで精神をリフレッシュする場所だ。戻ることができない時代を追想することは、長い会社員生活で心の中に欠けてしまったピースを埋めることになる。本当の癒やしだ。

同窓会を利用してビジネスをしようとするのが、なぜ邪道か。

退職後に金儲けでギラギラすると鬱陶《うっとう》しくなる。同窓会には、怪しげな話を持ってくる人がいる。かつて机を並べた仲でも、その後の人生で怪しくなっている可能性は高い。

だいたい年配者が騙されるのは、親しい人からの話が多い。これはＭ資金などの企業相手の詐欺でもそうである。親しい顔をしている人――そういう人が持ち込んでくる儲け話が一番怪しい。特殊詐欺ではないが、「同窓会で金の話が出たら、それは詐欺です」というのは言い過ぎではない。警戒しても損はない。

私が参加したくないのは、同窓会と似ているが、会社のＯＢ会だ。

私は早期退職したこともあり、元の会社の会には出席しない。いつまでも上司然としている人に、かつての部下として頭を下げたくないからだ。会社では上司でも、世間に出れば皆同じ。

どうしても会社の匂いがきつすぎるところは居心地が悪く、楽しめない。私が楽しめないだけで、楽しめる人は出席したらいい。

会社のOB会でしか存在感を示すことができない人が結構いる。退職して、ただの人になってしまい、どこにも居場所がない人だ。それは非常に寂しい人生だ。

私と違い、長く勤務して、充実した会社員生活を送ったのなら、会社のOB会に参加すれば居心地がいいだろう。

「部長」「課長」「専務」などと昔の肩書で呼んでくれるだろう。優越感がくすぐられ、自然と昔の勢いを取り戻すかもしれない。

退職したといっても、60歳過ぎたくらいではまだまだ若い。絶対に家にひきこもってはいけない。同窓会、OB会に参加して、多くの人と会話すれば脳が活性化し、生活にも意欲的になるだろう。

5 無趣味の壁
仕事が趣味でもいいのだ！

60歳を過ぎ、定年後は多趣味がいいのか、無趣味がいいのか。

多趣味の友人は、定年後にあれもやりたい、これもやりたいと計画していた。いざ定年になったら、途端に何もやる気が無くなってしまい、うつ病を発症してしまった（現在は回復している）。

なぜそうなったのか。会社に勤務している時は、時間がない。そんな中でなんとか時間を捻出して趣味を楽しむから充実していたのだ。

ところが定年退職すると、時間が有り余ってしまった。それでいつでもできると思った途端に、やる気が無くなったのだ。無趣味なら、趣味で時間をつぶすことはない。あれもやりたい、これもやりたいと思わなくていい。

別の友人は、天気がよければゴルフ場に行き、ラウンドもせずにひたすら練習をしている。

「やることはないの？」

私が聞くと、「これでいいのだ！」とバカボンのパパみたいなことを言う。

今までさんざん働いてきたから、垢を落とす間は、何も考えず、ひたすらボールを打つのだと言う。

彼の場合はゴルフ場通いだが、無趣味の人は仕事をすればいい。

どんな仕事でもいい。家にひきこもっているよりは、外の空気を吸うべきだ。

シルバー人材センターに登録すれば公園の掃除、通学路の交通整理など、地域に役立つ仕事を斡旋してくれる。

カッコ悪いなんて思わなくていい。シルバー人材センターに登録している人は、会社では管理職だったインテリが多い。そうした仕事を通じて、友人をつくるのもいいだろう。

人脈を頼るなり、職業安定所（ハローワーク）に行くなり、または会社が斡旋してくれたりと、どんな機会でもいいから、仕事を見つけて就業した方がいい。

無趣味な仕事人間は、仕事が一番の癒やしだ。

私も無趣味。無理に趣味をつくろうとは思わない。将棋も囲碁も興味はない。

私は退職後、作家となったので結構働いている。世の中にどの程度役に立っているかはわからないが、自分の居場所だけは確保している。

無趣味の人が一番辛いのは、自分の居場所がない、見つからないことだろう。

退職後、自宅でゴロゴロしていたら、奥さんに叱られる。

奥さんにとっては「亭主元気で留守がいい」という生活が一変する。もしも２人で朝食を食べている最中に夫が「今日の夕飯はなんだ？」と奥さんに聞いたとする。こういうご主人は多いらしい。

「今、朝食でしょう！　いい加減にしてよ！」

奥さんはこめかみをぴくぴくさせて、きつい言葉を浴びせかけることだろう。

奥さんは、間違いなく熟年離婚を考えるに違いない。

何もすることがないなら、家事をやりなさい。私も妻に協力して、一部の家事を負担している。できるだけ妻の邪魔にならないように暮らすのも、退職後の人生を円滑にする秘訣なのだ。家事を行うと、料理に興味が湧くかもしれない。料理を習ったり、料理好きの仲間ができたり、奥さんと美味しい料理を食べたりと世界が広がるかもしれない。

とにもかくにも動くことだ。60歳を過ぎたら、今まで以上に動くことだ。遊びでもなんでもいいじゃないか。退職後こそ、動かねばならない。動けば、世界が広がり、友人も趣味もできる。無趣味だからこそ、定年後は多趣味になれるのだ。好奇心を失えば、心は固くなり、枯れてしまい、死を待つばかりになる。

図書館では、定年退職後の人が新聞や雑誌を読んで時間をつぶしている。行くところがなくて、図書館に行き、時間をつぶすのはもったいない。

一人で公園を掃除しているうちに掃除のボランティア活動が始まるかもしれない。

定年後は、ボランティアでも始めるか、という「でも」の気持ちではボランティアはできない。どのようなボランティアをしていいかわからなければ、自治体から提供される情報を調べればよい。ボランティア募集がたくさんある。そのどれかに首を突っ込めばいいのだ。

なにはさておき、退職後は「動く」ことが大事。動けば、世界が広がる。

6 友人の壁
あなたの評価が上がる簡単な方法

定年後、60歳を過ぎたら友人はどんどん少なくなる。それが当たり前。それでいい。友人が多くて、会合ばかり多くなると大変。自分の楽しみに割く時間が少なくなるばかりだ。気の合う人とだけ会えばいい。

妻から、私は「友達が少ない」と言われる。社交的ではないからだろう。それにあまりに多くの人と会うのは疲れるではないか。

せっかく会社勤めを卒業したのなら、我がままを通すことができる少数の友達と付き合う方がいい。

私は勤務していた銀行の集まりには顔を出さないので、銀行員時代の友人と会うことはあまりない。

本当に苦労を共にした者としか会わないので、銀行関係の友人は少ない。

大学時代の同窓生、作家仲間、ゴルフ仲間など楽しい時間を過ごすことができる友人はいる。

ところで友人ってなんだろうか。心を割って話ができる友人を、誰もがそんなに多く持っているとは思えない。せいぜい数人ではないだろうか。

会社員時代は、嫌でも多くの人と会う。だから友人もできやすい。ライバル企業の社員であっても、肝胆《かんたん》相照らす仲になることがあるだろう。

しかし定年後はどうだろうか。会社に行くことがなくなれば、友人をつくる機会が減るのは当然である。深刻に悩む問題ではない。

会社を退職してみたら、友人と言える人が1人もいないことに気づいたって驚くことはない。

多くの人と知り合っていたが、仕事でつながっていただけなのだ。利害で結びついた関係では友人になりえない。

定年になり、会社を離れてこそ、お互いの「素のまま」を評価し合う本当の友人ができる可能性が高い。

友人というのも変化するものだ。学校時代、会社員時代と全期間を通じて仲がいいというのは稀ではないだろうか。別れがあり、疎遠になり、また新しい友人ができるというサイクルだ。

定年後に無理に友人をつくろうとしなくてもいい。

何か仕事でも趣味のサークル活動でも行えば、自然と友人はできる。

今度は利害関係ではなく、個人的な魅力でつながる関係だ。そのためには、あなたの魅力を向上させねばならない。

今更、魅力を向上させるってどうするのか。本を読み、教養を高めたり、趣味を本格化させたりするのもいいが、趣味も無い、読書も好きではないという人はどうすればいいのか。

私が一つ提案したいのは、にこやかに挨拶することだ。

集まりに参加した際、知らない人にもにこやかに挨拶するのだ。

不思議と、これだけであなたの評価が上がること請け合いである。

知らない人に挨拶するのは、なかなか勇気のいる行為だ。それでも実行すると、思わぬ効果に驚くだろう。

できるだけ地域などの集まりに参加し、明るくにこやかに挨拶しよう。いつの間にかあなたの周りには人が集い、その中に友人と呼ぶにふさわしい人が現れるだろう。

挨拶には、人と人との距離を縮める効果がある。

現在はリモートや非接触の時代だが、やはり顔と顔を合わせることが人間関係の基本だということがわかるだろう。

まず、笑顔で挨拶。ここから始めよう。

ところでこの挨拶というのは、個人的関係ばかりでなく会社という組織でも有効に働く。

例えば業績が低迷している会社では、社員同士、そして幹部と社員の挨拶がない。あってもおざなりである。業績低迷に伴って気持ちが沈んでいることと、なぜかお互いに警戒心が働くからである。

ある会社で、社長自らが率先して挨拶を励行した。若い社員にもベテラン社員にも「おはよう、元気ですか」と声をかけたのだ。

最初は訝しんでいた社員たちも、社長が笑顔で挨拶してくるものだから、ついつい笑顔で挨拶を返す。しばらくすると会社の空気が明るくなり、それにつれて業績が向上し始めた。

挨拶には、人と人とを結びつける効用があるのだ。

7 冠婚葬祭の壁

「義理かく、人情をかく、恥をかく、これで三角」

　定年退職し、やっと会社を離れることができたと思っていたら、そんな気持ちを忖度することなく追いかけてくるのが冠婚葬祭だ。

　収入も激減しているにもかかわらず、会社関係でかつての上司が亡くなったとの連絡があり、香典を要求される。

　皆、順番に天に召されるから仕方がないと思い、要求には応じるのだが、よく考えれば、かつての上司に対する香典は必要なのだろうか。

　確かに世話になった。感謝の意は表したい。しかし、本人はもうこの世にはいないのである。葬儀に参列しても、香典を託しても、本人には伝わらない。それならば心の中で祈りを捧げればいいのではないだろうか。

　一方、面倒なのは親戚だ。これは家のつながりで義理が濃い。そのため、個人の思いとは別に葬儀に参列したり、香典を渡したりしなければ非常識と思われる。これを自分の理屈で拒否すると、変人扱いだ。

コロナ禍で助かっているのは、最近の家族葬ブームだ。

実は一昨年、義母が亡くなった時は家族葬で済ませた。通夜も葬儀も家族だけで行った。

義母が一番見送ってほしいと思っていただろう娘たち（私の妻や義妹）に囲まれて、とても満ち足りた雰囲気の葬儀だった。寂しいなどとは一切感じなかった。むしろ大勢の人たちに囲まれ、ざわざわとした雰囲気がない静けさが義母にふさわしいと思った。

もちろん葬儀費用は私たちで負担し、親戚などからの香典は遠慮した。

コロナ禍前までは、家庭、会社の区別なくどこでも葬儀会場を借り、通夜、告別式を行った。費用もバカにならなかった。

参列する人も香典を持参した。亡くなった方が会社の役員なら、総務部が仕切り、社員が応援に駆り出された。

今では、会社の役員であろうと、有名人であろうと、僧侶抜きの家族葬などが一般的になってきた。

先日、ある僧侶が、最近は家族葬が一般的になり、収入が激減したと嘆いているのを耳にした。

僧侶にとって通夜や葬儀は、重要な収入源なのだ。

最近は檀家《だんか》も減少しているため、コロナ禍による家族葬の増加は僧侶にとってゆゆしき事態なのだろう。

家族葬どころか、もっと簡素な火葬場からそのまま葬儀を行う直葬も増えてきた。

こうした傾向は、コロナ禍が収まっても変わることはないだろう。

お別れの会が行われる場合があるが、その場合も、供物や香典などは不要との断りがある場合がほとんどである。

誰もが他の人に金銭的な負担や迷惑をかけないように気を配る時代になったのである。

これは生活を切り詰めねばならない定年退職者にとっては朗報である。

結婚式はどうするか。

息子や娘の結婚式に出席してもらった人の慶弔事には、招待されたならば義理を欠くわけにはいかない。嫌でも出席しなければならない。

しかし私は、定年後は義理を欠いても恥をかくことはないと思う。

現役時代のように、どんどん人間関係を広げる必要はないからだ。

定年後は、人間関係の断捨離を進めてもいいのではないだろうか。

そのためには冠婚葬祭には可能な限り関わり合わないことだ。

結婚式であろうと、葬儀だろうと、出席しなくてもいい。

変人と思われても、意に沿わない、あるいは義理だけの出席は、相手にも失礼だ。

結婚式ならわざわざ出席しなくても、新婚夫婦に心温まるプレゼントを贈るだけでもいい。また世話になった人が亡くなったと聞いても、静かにご冥福を祈るだけでもいい。

かつて一緒に働いた人が音頭をとって香典を集める場合もあり、それに加わることはやむを得ないかもしれないが、故人のご家族にとっては、香典返しなどで面倒をかけるだけのことが多いようだ。

夏目漱石が「義理かく、人情をかく、恥をかく、これで三角」と小説の中で言った。

漱石は、金を貯めるためには、この「三角」が必要だと言うのだが、金を貯めようとは思わなくても、定年後に人間関係を整理していくためには「三角」が必要ではないだろうか。

定年後まで人間関係に悩むことはない。「三角」人間になって生きる方が自由ではないだろうか。

第6章

家族には愚痴ではなく仕事を語れ

1 子育ての壁

家庭では、どんな仕事をしているのか言って聞かせるべし

友人の編集者は、40代後半で再婚して、２人の子どもに恵まれた。

「まだまだ元気で働かないといけません」

彼は笑いながら言う。

今、彼は55歳。あと５年で定年だが、子どもは小学生だ。

私は27歳で結婚したから、銀行を退職した時は、子どもは大学生だった。もし作家としてうまくいかなくても自分でなんとかするだろうと思った。69歳の今、孫が２人だ。ありがたいことだ。

私の結婚年齢は、当時としては標準的だった。今は、かなり遅くなっている。

男性の平均結婚年齢が約31歳、女性が約29歳である。

友人のように40代で結婚すると、定年の60歳の時、子どもは10代か、それ以上に幼い可能性が高い。

子どもの教育費が最大になる時期に定年で会社を離れるか、再雇用になったとしても給料が激減する。多くの人が不安になるだろう。

しかし、不安になっても仕方がない。現実を受け入れるしかない。どうしても心配なら、子どものために生活を切り詰めて貯金を殖やしておくしかない。

杞憂《きゆう》という言葉がある。古代中国で杞の国の人が天が落ちて来るのではないかと憂えて、夜も眠れず、食事も喉を通らなかったという故事が語源だそうだが、心配し始めると、きりがない。

子育てに関して言えば、若くして結婚しようと、遅く結婚しようと、心配は同じだ。

結婚して子どもが生まれ、その成長を無事見届けるまでが親の責任であるとすれば、その責任を果たせるかどうかは、若くても、そうでなくても同じだ。年齢に関係ない。若くても病気や事故で親の責任を果たせなくなることもある。年齢に関係なく、がむしゃらに親の責任を果たさねばならない。

親としての心配は、幾つになっても続く。私は、孫もでき、親の責任を果たしたと言えるが、今度は孫が無事に成長してくれるかが気がかりだ。子どもや孫に対する心配は、年齢に関係ないのだ。

心配はあるが、この心配は一方で楽しみでもある。子どもたちが健やかに育っていくのを見ることができる。この楽しみを喜びとして暮らせばいい。定年になったから、子育てができないのではないかなどという後ろ向きの気持ちは捨てよう。

不安を抱いていると、子どもは敏感に察知する。子どもは、自分が親の負担になっているのではないかと思ってしまうだろう。親の不安は、子どもに悪い影響を与えている可能性がある。

なんとかなるさ、と陽気に構えよう。

ある家庭の例を話そう。

子どもが2人。中学1年の男の子と小学4年の女の子。奥さんは会社勤務、夫はフリーのルポライター。

夫は50歳を過ぎている。優しい人なのだが、なぜか怠け者なのだ。生活は奥さんの収入が支えている。夫は、子どもの学費などを使い込むこともあった。

夫なのに、収入が少ないならどんな仕事をしてでもなぜ家族を支えようとしないのか。私には不思議だった。しかし、彼はあまり働かない。

夫婦は、お金のことでいがみ合っていた。

「パパと別れた方がいいんじゃないの。その方がママは幸せになるんじゃないかな」

中学1年の男の子が奥さんに言った。

この言葉を聞いて、奥さんは夫婦の諍《いさか》いを見せたことを深く反省したと言う。

結局、夫婦は離婚し、今は奥さんが2人の子どもを必死に育てている。いがみ合う姿を見せなくなっただけでも子どもにとっては良かったと奥さんは話している。

この家庭の夫は、体も丈夫である。子どもを育てるという親の責任感があれば、仕事を選ばず必死に働けばいい。子どもも親が自分のために必死に働いている姿を見れば、一生懸命勉強するだろう。

定年になった、高齢になった、給料が少なくなったなど、心配なことばかり挙げていたら、きりがない。

しかし、「まだまだ元気だ。給料が少なければ、どんな仕事でもして収入を増やすぞ」と元気で陽気に働いていれば、家庭は明るくなり、あなたの背中を見て、子どもは順調に育つだろう。

自慢ではないが、私は家庭で仕事の愚痴や不満を言ったことは一切ない。

大きなトラブルに巻き込まれていた時も、そうだった。

しかし仕事の話をしないのではない。どんな仕事をしているか、どんな苦労をしているかは、妻にも子どもにもよく話した。銀行の仕事って、理解しがたいから。

やりがいのある仕事だと明るく、楽しく話したのだ。

ある時、トラブルの解決に向かう私に子ども（息子）が「オヤジ、頑張れよ」と言ってくれた。

私は「オウッ」と答えた。

あの時ほど嬉しく、心強かったことはない。

杞憂に押しつぶされるな。子どもは、親の背中を見て育つ。

2

熟年離婚の壁

定年でゴロゴロしていたら妻に離婚を切り出される

定年になり、妻とゆっくりと後半生を過ごそうと思っていたら、いきなり離婚を切り出されるケースがある。

このような場合、妻に何を言っても離婚の決意を翻すことはできない。妻は、以前から計画していたのだから。

定年後、夫が家で何もせずにゴロゴロしていることが原因ではない。長い結婚生活の間に不満が蓄積していて、夫が退職すれば、妻としての役割が終わったと思い、離婚を決意するのだ。

いわゆる熟年離婚だ。年間の離婚件数の約２割程度は、結婚20年以上の熟年夫婦ということだから、珍しくもないと言えるだろう。

中には、介護離婚というのもある。

私の友人が離婚したのは、彼の母親の介護が原因だ。

「あなたの親なんだから、あなたが介護してください」

妻は、彼の母親の介護を拒否して、家を出た。

冷たい女性だと思ってはいけない。嫁姑の確執や介護を妻任せにしていた彼の態度などが、彼女に離婚を決意させたのだ。彼女には、彼女なりの理由があったのである。

妻が、長年の計画を立てた上で、離婚を切り出したのであれば、諦めるしかない。奥さんの言う通りにしたらいい。もし、その後のことが心配なら、連絡を取り合うことだけでも約束して、別れたらいい。

離婚を渋れば裁判に訴えられて、面倒なことになる可能性が高い。

自宅などは奥さんに譲って、夫が出ていくのが男らしいと思うが、妻は離婚後の生活を計画しているが、夫は突然のことにうろたえるばかりで、後の生活設計もなにも考えていないだろう。

その場合、何もかも妻に譲ってしまっては夫の生活が成り立たない。男やもめに蛆《うじ》がわく的な状態にならないとも限らない。

このような場合は冷静になり、弁護士を立て、お互いの財産をきちんと分割した方がいい。

妻の決断が計画的ではなく衝動的なものなら、離婚は避けた方がいいのではないか。夫の生活態度に不満があるなら、それを改めればいいのだ。

落語の世界なら、長屋の大家が仲裁に入って、仲を取り持つのだが、現在ならお互いが信用する人を間に立て、妻が何を不満に思っているかを十分に聞くことだ。

定年後、ゴロゴロしないで仕事を探すとか、家事を分担するとか、妻との関係改善を最優先にすべきだ。

昔、女性は「三界《さんがい》に家なし」と言われた。幼い頃は父に従い、結婚したら夫に従い、老いては子に従わねばならないので、どこにも安住の地はないという意味だ。

現在は、これは夫に向けられた言葉である。退職後は、夫に安住の地はないと思わないといけない。

妻は、夫が働いている間に、地域を中心に豊かな人間関係を築いている。夫は、会社の人間関係だけ。それが切れてしまえば、何も残っていない。

妻の人間関係の中に入るわけにもいかず、定年後、夫は孤独にならざるを得ない。

皮肉にも、ストレスフルだと思っていた会社が一番の安住の地であったのだ。退職後は、それが無くなり、家庭にも、子どもの家にも、地域にも、どこにも夫を受け入れ、歓待してくれる地はない。

この状況を改善するためには、夫が変わるしかない。妻と長く穏やかな生活をするためには、どこにも安住の地はないと自覚した上で、自分の安住の地を家庭内、あるいは地域やその他につくるしかない。その他と言っても、ゆめゆめ浮気は厳禁である。そんなことが発覚しようものなら、裸同然で追い出されてしまうだろう。

夫の定年前に、妻が何か専門的な資格取得などを始めたら、要注意である。

その資格が単なる趣味であればいいが、夫の定年後には離婚し、その資格を生かして生活していこうと考えているかもしれない。

弁護士や税理士などのような資格ではない。ソムリエ、フラワーデザイナー、インテリアデザイナーなど、女性が関心を持ちそうな資格である。これらの資格を持っている女性の仕事のニーズは高いと聞いている。

「何歳になっても勉強することはいいことだね」

夫が妻の勉強ぶりに感心していると、それが離婚準備だったりすれば、あんぐりと開いた口が閉まらなくなるだろう。

こんな事例は何の慰めにもならないが、先ほど述べたように私の友人の何人かは熟年離婚し、若い女性（24歳下、36歳下）と再婚した。

羨ましいと言えば語弊があるが、彼らにはちゃんとした資産があり、離婚した奥さんへの財産分与も完璧に行った。

彼らのような資産があるなら、妻に離婚を切り出される前に、夫の方から離婚を申し出て新しい出会いを求めたらいい。まあ、無理だろうけど。

3 家族の壁

家族という幻想に惑わされてはいけない

人生は「空《くう》の空」と旧約聖書のコヘレトの言葉にある。コヘレトは、多くの聴衆の前で、人生の虚《むな》しさを説き、だからこそ人生を大事にしなければいけないと言ったという。

「人は一人で生まれて、一人で死んでいく」という言葉もある。

定年になり、会社から家庭に戻ってきた時、虚しさを感じる人がいる。

誰も自分を歓迎してくれない。妻も、息子も、娘も……。「お疲れさまでした」との一言は口にしてくれるが、なんとなくおざなりだ。そう感じるだけかもしれないが……。もっと大歓迎してくれるものと思っていた。

「俺は、こんな冷え冷えとした家族のために必死に頑張ってきたのか」

定年後に家庭で過ごす時間が増えた人の多くが、虚しさを感じているらしい。

こんなことは当たり前だ。この虚しさに喜ぶべきである。

頑張って働いてきたお陰で子どもたちは立派に育ち、自立したのである。誇らしいではないか。

子どもたちがいつまでも親離れしなかったら、そちらの方が心配だ。

確かに自分が描いていた定年後の家庭の姿とは違っていることに戸惑い、その結果、虚しさを感じるのは理解できる。

家族のために働いてきたのにと愚痴っていることが問題なのだ。

「○○したのに」と言うのは、あなたの心を腐らせてしまう。これを「のに病」という。絶対に「のに」と口にしてはいけない。

何事にも「のに」「のに」と言っていると人生が嫌になる。

だいたい人に親切にしたからといって、その人が親切を返してくれるとは限らない。努力がすべて報われると思うのは楽天的過ぎる。たいていは裏切られる。

一生懸命働いたからといって出世したり、評価されたりすることが少ないことは会社勤務で十分経験しているだろう。とかくこの世は、そういうものだ。それなのに人はどうしても「○○したのに」と「のに」と愚痴ってしまう。見返りを気にせずにした行為なのに、なぜか見返りを期待してしまうところに「のに病」が潜んでいるのだ。

まず「家族のために働いてきたのに」という思いを払拭しよう。ましてや口に出して言ったらおしまい。絶対に止めなさい。

家族の前で、

「俺は、お前たちのために必死に働いてきたのに、どうして俺に感謝しない。どうして俺と会話しないんだ！」

と、怒鳴ってみたらいい。妻や子どもたちから白々とした視線で見つめられるに違いない。そして子どもたちは、

「お父さんは自分のために働いてきたんでしょう？」

と冷たく言い放つだろう。

仲の良い家族という幻想？

トルストイが言う通り不幸な家庭は、それぞれ異なる理由で不幸なのだ。

定年後に自分が夢見ていた通りの家庭でないからといって、果たしてそれが不幸なのだろうか。

そんなことはない。父親への感謝の言葉を口に出さないだけなのだ。父親が感謝の押し付けをする必要はない。淡々と暮らそうではないか。

家庭は、今まで父親不在でリズムが出来上がっていた。それが突然、あなたという不協和

音が入ってきて、音が乱れているだけだ。

それなのに父親が、会社で部下に指示するように振る舞うのは間違いである。それに早く気づかねばならない。

指揮者が乱暴にタクトを振るえば、音が乱れるのが当然だ。しばらくじっとして、家族がどんな音を奏でているのか、聞き分けたらどうだろうか。

4 介護の壁

頑張らない介護

現在、中高年を悩ませているのは介護離職と老々介護である。

厚生労働省の「雇用動向調査」によると、令和2年（2020年）に離職した人は約72万人。そのうち介護・看護が理由の人は約7万人。約1割が介護・看護を理由にしているとは驚きだ。

親の介護は子どもの務めといいながら、老々介護が増えている。

令和元年（2019年）の厚生労働省の「国民生活基礎調査」によると、要介護者と同居している介護者の年齢は男性の72・4%、女性の73・8%が60歳以上である。このデータを見ると、かなり深刻である。

私の両親は80歳を過ぎて亡くなったが、直前まで元気だったため介護の経験はない。

子どもに迷惑をかけたくないと常々言っていた両親は、最後まで元気に働いていた。

子どもに介護の苦労をかけなかったことに、親孝行もしなかった私は、変な言い方だが、両親は「子ども孝行」だったと思う。

介護は、どの家庭も深刻である。私の周りにも、寝たきりで１００歳を超えた母親を介護している人がいる。

母親は施設に入所してはいるものの、夜になると何もなかっただろうかと心配で熟睡できないと言っていた。それに費用の点でも負担が大きい。

いったいどうすればいいのか。

政府は人生１００年時代と言うが、ある本によると「１００歳まで生きると、日本人の99%は認知症になる」という。そんな事態になると、介護保険などの費用で国家財政は破綻してしまうことも懸念される。

これは日本だけではない。中国も韓国も、西欧諸国も、どの国でも老人介護は深刻さを増している。

介護費用のことを考えてみると、保険が使える公的な介護施設は順番待ちである。少なくとも東京ではなかなか入所できない。

グループケアなど費用を抑えられる施設なども充実しつつあるが、まだまだ足りない。

民間の高額の介護施設は、とても支払える金額ではない。

入所するだけで保証金数千万円だけでなく毎月数十万円もが必要になる。

こうした施設に入所できれば優雅な老後を過ごせるかもしれないが、最期まで看取《みと》ってくれる病院機能が付いているところはほとんどないらしい。

病気になれば、病院に入院せざるを得ない。最期まで看取ってくれると思っていた人は、がっかりせざるを得ない。

いずれにしても介護には費用がかかる。介護保険で賄える以上の介護をしようとすれば、家計にとっては大きな痛手である。

また介護に時間を取られ、自分の仕事に支障をきたしている人が多い。

会社勤務より介護を優先しようと、介護離職を選択する人がいる。その結果、家庭が介護中心になり、不幸のどん底に陥ってしまう例もあるようだ。

老人病院「慶友病院」を経営されている医師の大塚宣夫先生が『医者が教える非まじめ介護のすすめ』（ＰＨＰエディターズ・グループ）の中で、絶対に介護離職をしてはいけないとおっしゃっている。

大塚先生自身は現在80歳。介護される人の気持ちが、より深く理解できるようになり、その立場から本書を書かれた。

大塚先生は、本書において介護に真面目に取り組み過ぎると、みんなが不幸になると警告されている。

介護される方も、自分のせいで家庭が壊れていくのを見るのは辛い。介護はもっと気楽に取り組もうというのが本書の趣旨だ。

介護離職がなぜダメなのか。

それは、介護はいつまで続くかわからないからだ。

長引けば長引くほど、それが終わった後、介護者の再就職は難しくなる。

一日中、介護をしていると辛く、苦しくなり、家庭内に緊張が高まってくる。

こんなに介護をしてやっているのに、と思うと、ストレスが嵩《こう》じて、相手を怒鳴ったり、暴力をふるったりと悲惨なことになりがちなのだ。その結果、殺人などの深刻な事件が起きたケースもある。

介護の息抜きのためにも会社勤務は継続すべきなのだ。

「『よかれと思って』は大きなお世話。見過ぎない、近づき過ぎないがいちばん」と、大塚先生は介護の心構えを説かれている。

介護者は、一人で悩みを抱え込まないことだ。

そして公的機関と相談し、介護施設やヘルパーさんたちの協力を得ながら、「なんとかなるさ」と楽な気持ちで暮らす方がいい。

気楽なことを言うな、と叱られそうだが、これしかないのだ。

私の周りでも、妻が夫の両親の介護を拒否して出て行ってしまったとか、介護離職したのはいいが、自分の体調までおかしくなったという悲しい事例を聞くことがある。

コロナ禍も不幸に拍車をかける。マスクをし、人と接触することを避けているため、人間関係が希薄化し、相談する機会が激減している。このことが、介護に伴う悲惨な事例を増やしているのだろう。

「頑張らない介護」とよく言われるが、当事者の身になれば、どうしても頑張ってしまう。しかし、そこをあえて頑張らないようにしよう。

深刻になり過ぎないで、家庭に閉じこもらない、開放的で明るい介護をすべきだ。私もそんな介護を受けたいと思う。

と、まあ、ここまで前向きなことを書いたのだが、私は介護の経験がない。だから介護の苦しさはわからない。

しかし、今、何が不安かと言えば自分自身が介護される側に近づきつつあることだ。

私の友人は妻を亡くし、今、筋トレに励んでいる。なぜか？　彼曰《いわ》く「ピンピンコロリのためだよ」。

彼には息子がいるが、迷惑をかけられないということだろう。

私にも息子がいるが、彼と同じように迷惑をかけたくないし、かけようとも思わない。

妻は「あなたより早く死ぬから」と言う。私の介護はしたくないということだろう。

しかし友人の思いも私の妻の思いも、そして私が息子に迷惑をかけたくないとの思いも、そんなことが思い通りにいくかは神のみぞ知ることだ。誰にもわからない。

介護する苦労を逃れた私も、介護される不安からは逃れられないということだ。そうなると、暴飲暴食を控えて健康管理に留意したり、本格的な老いを迎える前に介護施設に入所予約するなどの準備をすることが必要なのだろう。

第7章

人と分かち合えば健康になれる

1 億劫の壁

60歳になると何をするにも億劫

孔子は、60歳になれば「耳順《したが》う」と言い、70歳になれば「矩《のり》を踰《こ》えず」と言った。

この言葉からは、心穏やかな高齢者の姿が浮かんでくる。

しかし、実際はどうだろうか。暴走老人と言われ、短気な高齢者が増えている。犯罪傾向でも、高齢者による暴行は増加傾向にあるらしい。

私の勝手な解釈だが、高齢になると、何もかもが億劫《おっくう》になってくる。今まで通りのやり方を変えたくない、変えられない。それなのに周囲から、ダメだ、何をやっているのだ、と言われると、我慢できなくなるのではないだろうか。

これは当然のことだ。高齢者の心と体には長年の習慣が染みついている。

いわば、幾重にも重ね着をして、重くて動けなくなった状態である。60歳ともなれば、十分に重ね着をしている状態だ。

しかし、これから先の長い老後を考えると、億劫だなんて言っていられない。先が思いやられる。そんなことを言っていると、ますます着ぶくれして、どんどん億劫になり、ひきこもり老人になってしまう。

それではどうやってその重ね着を脱いでいくのかを考えてみよう。

方法は、ただ一つ。薄着になるのだ。重ね着を一枚一枚脱ぐのではなく、厚い生地の服から薄い生地の服に替えていこう。

わかりやすく言うと、新しい習慣を身につけるのだ。

僭越《せんえつ》だが、私の場合はどうしたか。

私は、49歳で銀行員生活から作家生活に変わった。

でも作家で家族を養っていけるかは、まったく自信がなかった。

本が売れたり、連載の仕事がもらえなかったりすれば収入はない。

もし作家としてやっていけなければ、何もかも億劫になり、ひきこもり中年になってしまう可能性があった。これだけは絶対に避けなければならない。

私は、まず銀行員時代と同じ生活時間を過ごすことをルール化した。すなわち1日8時間は机に向かうことにしたのだ。

銀行員時代は実際、残業に次ぐ残業で、1日24時間働いていたような気がするが、とりあえず基本的な労働時間である8時間を義務付けた。

そして早起きの習慣も維持した。銀行員時代も早起きだった。6時に起床し、7時過ぎには出勤していた。

作家になってからは、毎朝4時に起床し、そこから朝の身支度を整え、仕事を始める。原稿を書いたり、資料を読んだり。

妻はまだ眠っている。誰も起きてこない静かな中で仕事をすると、非常に捗《はかど》る。こうして朝食まで仕事をして、その後、ジョギングなどで外の空気を吸う。

外をゆっくりと走ったり、歩いたりすると季節を感じる。スマホで花の写真を撮り、その名前を調べるのも楽しい。

銀行員時代は忙しくしていたから季節を感じることなどめったになかったのだが、今は違う。外気温を肌に感じるだけでも、四季の移ろいを知ることができる。

その後は、昼と夜に合計8時間になるように働く。

実際は、ただ机の前に座ってミステリー小説を読んでいるだけのこともある。パソコンで映画を観ているだけのこともある。

それでもいい。とにかく8時間、机に向かうのが大切なのだ。

一日のルーティンをつくることで億劫になることを防ぐことができる。

早起き、一日の仕事の時間など、容易な習慣を新しく身につけたら億劫を防ぐことができる。

最近、私は、ＮＨＫＥテレの朝6時25分から放映されるテレビ体操を行っている。テレビの映像に合わせて、簡単なストレッチと体操を行うのだ。その後は、自分で柔軟体操とスクワット、腕立て伏せを行う。非常に快適である。

邦題『直立二足歩行の人類史』（ジェレミー・デシルヴァ著、赤根洋子訳、文藝春秋）によると、週3回40分の散歩を習慣化した場合、記憶をつかさどる脳の海馬が増大し、記憶力が改善する。認知症の予防となるのだ。

哲学者も作家も散歩を習慣にしている人は、古今東西多い。西田幾多郎の「哲学の道」など有名な散歩道もある。散歩することで認知機能が向上し、新しい発想が生まれるのである。

億劫は危険である。まず散歩など、体を動かす習慣を開始しないと大変なことになる。

ゆめゆめ朝寝、朝酒、朝湯の習慣はダメだ。

2 断捨離の壁

男は思い出に生き、女は思い出を捨てて生きる

どうして過去が捨てられないのか。これは60歳過ぎの男に共通する悩みだと思う。

断捨離を勧めているのは、私が知っている限り女性が多い気がする。これは誤解だろうか。

私は、過去の女性（妻ということにしておこう）との手紙を今もこっそり缶に入れて隠し持っている。マラソン大会で毎回もらったTシャツがタンスに入らないほどいっぱいになり、妻から「捨てろ！」と命じられる。完走メダルも山とある。

でもなぜか捨てられない。

妻は、「どうせ死ぬんだから」と無駄なものはどんどん捨ててしまう。その大胆さに恐怖さえ感じる。俺も捨てられるんじゃないかとね。

「あの本はどうした？」

大事にしていた本を探しても見つからないので、私は妻に聞いた。

「ブックオフに持って行ったわ。80円にしかならなかった」

平気な顔で答える。

私は、がっくりと肩を落とす。こんなことは日常茶飯事だ。

「男は思い出に生き、女は思い出を捨てて生きる」

こんな格言があったかどうかは知らないが、当たらずとも遠からず、だ。

衣服の断捨離は妻に任せている。さすがに体型が変化し、銀行員時代のスーツは着ることができなくなった。

カバンも押し入れに入れておくと、だんだんとくたびれてしまい、昔、このカバンを持って颯爽《さっそう》と歩いていたのが信じられなくなった。それで捨てた。

男が断捨離をできないなら、妻か友人に任せよう。多くの不要な物があるはずだ。

家庭生活では断捨離できない私も、仕事では断捨離が得意だった。

銀行員時代、前任者から資料を引き継ぐと、私はそれらを封印する。そして1年後、まったく手に取らなかった資料は、全部捨ててしまった。断捨離だ。役に立たない資料が、銀行の中には山積みになっていた。それが仕事の効率化を妨害していたのだ。

メルカリなどを使って不用品をネットで販売している友人がいる。断捨離で小遣い稼ぎだ。

本や服はもちろん、デパートのサービス袋まで売っている。

「ハマったわ」

彼女は笑顔で言う。

自分では不用だと思っていても、世間は広い。それを必要としている人がいることに面白みを感じているのだろう。

退職時、私は「名刺の棚卸」すなわち「名刺の断捨離」を実行した。定年退職した人にはこれを勧めたい。

退職した際、何冊もの名刺入れいっぱいに名刺が溜まっていた。それらの名刺のうち、不用だと判断したものは全部捨てた。

断捨離の基準は、銀行員として付き合ったのか、私という人間を認めてくれているから付き合ったのか、退職後も会いたいか、というものだ。

名刺は、どんどん捨てられていく。ほとんど無くなった。

名刺を捨てるたびに銀行員生活の垢が剝がれ、新しい自分になっていくような気がしたのだ。

多くの人は、私の背後にある銀行と付き合っていたからだ。

寂しいという気持ちはなかった。少なくなった名刺を見て、銀行という組織を離れ、一人で生きていく覚悟ができた。凛《りん》とした気持ちになったのだ。

退職後の新しい人生を歩む決意を固めるためには「名刺の断捨離」をしたらいい。新しい自分になるだろう。

私は、銀行員時代や銀行勤務に関する物など、仕事に関する物は大胆に断捨離できるのに、どうして個人的な物は捨てられないのだろうか。

「思い出は心に残し、物には残さなくてもいいんじゃない。私たちがいなくなったら、みんなゴミよ」と妻は言う。

その通りだが、本棚には海外取材の土産などが、今もそのまま飾ってある。妻には理解されない男の複雑さなのかもしれない。

しかし、定年後は新しい自分に生まれ変わるためにも断捨離は必要だ。個人的な物は捨てられなくても、仕事に関わるものは思い切って捨てよう。

一つひとつ捨てることで、過去の栄光や華々しい実績も彼方へと消えていく。さみしさを感じるだろうが、それにしがみついていたら、うるさい小言老人になるだけだ。

3 人間ドックの壁

かかりつけ医を持つべし

私は年に1回、人間ドックで定期検診をしてもらう。

老年になり、自分で健康を維持していないと、子どもたちに迷惑をかけることになる。特にがんについては早期発見、早期治療というわけだ。

私の両親、兄、姉は全員がんで亡くなった。姉は30代、兄は40代だった。それで留意するにこしたことはない。

しかし、本音を言えば、人間ドックの受診は仕方なくやっている。というのは、ちょっとした異変があってもアラームを発信してくれるから怖い。不安になる。

ある時、膵臓がんの兆候があると指摘されてしまった。

兄は、膵臓がんだった。それでもしかしたら、私も?と心配になった。

別の病院に行き、再度、精密検査を受けた。幸い、何ともないということで安心したのだが、結果が出るまで不安だった。早期発見とはいうものの、何か異変の兆候があった時の不安は味わいたくない。

人間ドックは万全ではない。毎年、人間ドックを受診していたにもかかわらず、友人の奥さんは乳がんで亡くなってしまった。人間ドックで発見できなかったのかと、友人は今も悔しそうに言う。乳がんがわかった時は、すでに手遅れの状態だったのだ。

日本人の2人に1人はがんになると言われている。早期に発見すれば、助かる確率が高い。そのためには人間ドックを定期的に受診することは必要だろう。

人間ドックを受診することは、がんの早期発見以外にもいいことがある。

肥満だと、運動不足であるとか、不摂生に気づかせてくれるからだ。

定年になり、会社勤務から解放されると、どうしても不規則な生活になりがちである。

電車に乗らなければ、自然と歩かなくなる。自宅で酒を飲んでいると、意外なほど酒量が増えてしまうことがある。

人間ドックで明らかになった肥満度や各種データを専門医とチェックしながら、日常の健康管理に役立てたい。

もう一つ、健康に関しては薬の問題がある。

高齢になると、薬が増える。貯金は減るのに薬は増える、なんて冗談を言っている場合じゃない。飲まない薬をいっぱい貯め込んでいる人がいる。日本の医療財政が逼迫する原因の一つが、薬の大量投与だとも言われている。

私は医師ではないのでいい加減なことは言えないが、必要でない薬まで飲んでいることはないのか見直す必要があると思う。

私は、コレステロール値と尿酸値を下げる薬を常用している。

非常に太っていて、高脂血症を指摘された時に処方されたものだ。

薬というのは飲み始めると止められない。

週刊誌で薬を飲み続けるのはよくないとの記事を読み、一度、これらの薬を止めた。するとたちまち尿酸値とコレステロール値が悪化してしまった。

「やっぱり薬を止めたせいだ」と思い、薬を飲み続ける方を選択している。

しかし実際は、食生活を変えていないことが原因なのだろう。

どんな薬を飲み続けるのがいいのかは、医師に相談するしかない。

幸い私には、いわゆるかかりつけ医がいる。

かかりつけ医というのは、健康に関してなんでも相談でき、必要な時に専門医療機関を紹介してくれるという存在である。

私は、睡眠時無呼吸症候群を患っている。睡眠の質が非常に悪いのだ。いびきが大きかったり、朝起きた際、頭が痛かったり。そんな症状がある人は、要注意である。

専門病院で、いろいろな検査機器を体中につけられて一晩宿泊し、眠りの調査をした。

私は友人に勧められて、検査を受けた。美人の看護師さんが手を握って、優しく眠りを見守ってくれるからね、と友人が言った。

それは真っ赤なウソだった。むくつけき男性検査技師が、窓越しに見守っている中で、眠りについた。

結果は最悪だった。眠りが非常に浅く、１時間に40回以上も目覚めていたのだ。

銀行員時代、上司の話が面白くなくて、会議中に居眠りをしていたことがあるが、あれはこの病気のせいだったのだとようやく気付いた。

これを治療しないと、生活習慣病のリスクが高まるばかりではなく、車の運転中に突然睡魔に襲われ、大事故を起こしてしまう危険性がある。

病気の発覚以来、私は、睡眠中はＣＰＡＰという呼吸を楽にする鼻マスクを装着している。

このＣＰＡＰを使用するには、毎月、病院に行く必要がある。機器の保険適用のために義務づけられているのだ。

これが私にとって幸いした。毎月、病院に行くことで、人間ドックの結果を見ながら健康や薬の相談をしたり、定期的な血液検査を依頼している。必然的に、この病院が、かかりつけ医になったのである。

政府も、かかりつけ医を持つように推奨しているが、自分の健康についていつでも相談できる医師がいることは心強い。

定年後は、かかりつけ医を持ち、健康管理を自分のこととして捉えよう。

4 ダイエットの壁
痩せる必要のある人、ない人

私の体重は、73キロから74キロ。妻からは70キロを切れ、と叱咤《しった》される。

しかしなかなかそうはならない。かつて89キロほどあった時、ランニングで現在の水準までガクンと体重を落としたが、それ以下には落ちない。

妻に叱られるまでもなく、60歳を過ぎても若々しくスリムでいたいという気持ちは強い。

しかし、食べるのが大好きで、食べるとすぐに体重が増える。それが私の悩みである。

痩せている友人は、痩せていることが悩みである。

彼は、真顔で「食べても食べても痩せるんだ」と心配している。人間ドックで精密検査をしてもらうとも話していた。

私からすると、なんとも羨ましいのだが、彼はそんなことはないと言い、無理してご飯の大盛りを食べていた。

かかりつけ医は、体重が一定していて、運動もしているのなら無理に痩せる必要はないと言っている。

60歳を過ぎると、なかなか痩せなくなる。これは筋肉量が低下し、それにつれて代謝が落ちるのが原因らしい。

これも友人の話だが、糖尿病を予防するための薬を処方してもらって飲んでいたら、どんどん痩せてきたそうだ。

実際、彼の顔を見ると、頬がシャープになっていた。痩せると、顔に最初に表れるからだ。

やせ薬だなと私が言うと、ちょっと心配だと言い、薬を止めた。すると、少しふっくらとしてきた。

あまりシャープな顔より、少しふっくらとして穏やかに見える方がいい。年齢にふさわしい顔だ。

高齢者は体重と筋力のバランスが大事だと思う。

食事を減らすなどして無理に痩せると、筋力まで落ちてしまう。

ゴルフをしてもドライバーの飛距離がガクンと落ちてしまう。生活でも気力がなくなり、疲れやすくなる。いわゆるフレイル（虚弱）状態になってしまう。

でも、必要以上に太ってしまうと息切れしたり、運動するのが億劫になったりする。これもいけない。

かかりつけ医に相談して、適正な体重かどうかを確認して、食事と運動を上手にバランスさせるのがいいだろう。

痩せるために朝食を抜くという人もいるようだが、医師に聞くと、朝食を抜くのは賛成できないようだ。

筋肉をつけるには、タンパク質が必要だから朝食に卵や納豆は欠かせない。

朝食を摂らず空腹でランニングすると痩せると言われたことがある。エネルギーが枯渇した状態でランニングなどの激しい運動をすると、内臓脂肪が燃焼するというのだろう。

一理あると思うが、高齢者には危険を伴うのではないだろうか。エネルギー不足の状態で激しい運動をするとかえって体を痛めたり、不測の事態を招きかねない。

やはり朝食を食べてから、運動した方がいいと思う。これは経験上のアドバイスだ。

とにかく無理をしないこと。体重と筋力のバランスを考えて暮らすのが、一番の健康法だ。

5 飲酒、禁煙の壁

禁煙をしたら10万円

私の父は、ものすごいヘビースモーカーだった。風呂だろうが、トイレだろうが煙草を吸うので、いつも煙草の匂いがこもっていた。

それは子どもとして非常に嫌悪すべき状態だった。

だから煙草は吸わないと決めていたのだが、一度、吸ってしまうと、その虜になり、一日100本以上も吸うようになってしまった。

子どもが生まれても、吸っていた。酒は止めても、煙草は絶対に止めない、止められないと思っていた。

そんな私が42歳で完全に煙草を止めた。

部下の女性行員から「煙草アレルギーです。職場で禁煙か分煙を進めてくれませんか」と言われたのがきっかけだった。

私は、その職場の責任者として彼女の言葉を無視するわけにはいかなかった。

当時はスモハラ（煙草ハラスメント）などという言葉はなかったが、私は、喫煙者ばかりを一室に集めて仕事をするようにしたのだ。

すると、当然ながら狭い部屋に煙が充満し、目も開けていられない状態になった。

これはダメだ、と思い、私は禁煙を決意したのである。

その旨を妻に伝えた。

妻は大賛成。

「もし完全に禁煙できたら賞金10万円あげる」

と提案したのである。

セコイ私は、その提案に飛びついた。

禁煙当初は、脳からヤニやタールがにじみ出てくるようなイメージがして、本当に本当に苦しかった。

会議に出ていても、体がしっかりせず、妙に眠気が襲って来たり、体が揺れたり……。

しかし、10万円、10万円と呪文のように唱えながら耐えたのである。苦しみの先には希望がある！

禁煙グッズやガム、飴などには一切頼らなかった。あんなものでごまかしているようでは、毎日100本以上のニコチン中毒から脱却できない。

禁煙外来に行き、禁煙する人もいるようだが、本当に効果があるのだろうか。

喫煙は中毒である。だから強い意志がなければ、禁煙はできない。

ようやく1か月が過ぎた。なんとか煙草を吸いたいと思わなくなった。しかし、夢の中で喫煙してしまい、はっと目が覚めることもあった。

ああ、夢か……。

10万円が消えなくてよかったと安堵《あんど》したものだった。

煙草を止めると、快適だ。デメリットは皆無である。

運動も楽になり、喫煙所を探してうろうろすることもない。

食後の一服の楽しみが無くなるのが寂しいと思わない方がいい。今の時代、食後の一服ができるレストランはない。

飲酒も体にいいとは言えないが止められない。

大酒を飲むわけではない。酒ならなんでもいいのだが、二日酔いで頭を抱えるほどには飲まない。

自宅ならビールの350ミリリットル缶1本、ウイスキーの水割り1杯程度である。適量かどうかはわからないが、毎日のことなので、休肝日を設けたらいいのではないかとは思っているのだが……。

原稿を書き終えて、一息つく時のウイスキーやビールはなんとも言えないほど美味しい。最高の癒やしだ。

老人介護の病院を経営する友人の医師は、「食は最高の楽しみ」と言う。

彼の病院には、人生の終末を迎える人が多く入院している。その人たちにコックさんが食べたいものを聞き、その希望を叶えるそうだ。

もちろん、適度な量のお酒も提供する。高齢者になり、あれもダメ、これもダメと食を制限したり、禁酒させたりといけないことばかり並べると、ストレスが嵩じるからだ。

無添加、無農薬などの食材も同じだ。こだわりすぎたらストレスになるのではないか。

食べたいものを食べる。60歳を過ぎたら、食にストレスを感じたくない。

無添加と無農薬へのこだわり、卵や牛乳も摂らないヴィーガン、ベジタリアンなど食に対する思想はいろいろある。人それぞれだ。周りがとやかく言うことではない。

健康維持のためには、余計なストレスを感じないような食事を心がけることが大事ではないだろうか。

6 延命治療の壁

自分ががんになった時、延命治療は必要か？

日本人の2人に1人はがんになると言われている。高齢化、長寿化が進むと、仕方がないことなのだろう。

もしがんになった際、治癒すればいいが、延命治療で生きるというのを私は選択したくない。

父は、89歳でがんで亡くなった。若い頃、肺がんを患ったことがあった。完治したと考えていたが、86歳の時に新たな肺がんが見つかった。

余命半年と言われた。医師からは手術すれば少しは長生きできるかもしれないと言われた。

父は、私と相談し、手術をしないことに決めた。

86歳にもなって、胸を切りひらくようなことをして、少しばかり長生きしても辛いだけだと考えたのだ。

私は父の考えに賛成した。

父は、それから３年間も生きた。友人たちとカラオケを楽しみ、のんきに暮らしたのである。

ある日、ちょっと疲れたと言い、入院したと思ったら、そのまま苦しむこともなく眠るように亡くなった。

手術をしていれば、もう少し長生きできたかどうかはわからない。余命半年が、どれだけ延びたのだろうか。父は手術を選択せず、３年も生きた。

父の選択は間違っていなかったと思いたい。

私たちは、いつでもＹ字路に立っている。

瞬間、瞬間にＹ字路の前にいて、右か、左か選択をしなければならない。

右の選択をした以上、右の道を歩かざるを得ない。後ろを振り返っても道はない。引き返すことはできない。次のＹ字路まで歩くしかない。

延命治療も同じだ。

延命治療とは、病気の回復ではなく延命を目的になされるものだ。

人工栄養、人工呼吸など、本人が希望するよりも、家族の希望でなされることが多いとも聞く。

胃ろうや気管切開などが行われ、多くの管につながれた親を見て、延命治療を選択したことを後悔する家族もいるようだ。

延命治療については本人の自己決定権が優先される。

すなわち、事前に公正証書などで公的に延命治療が不要であると残しておけば、終末期に延命治療が本人の意に反して施されることはない。

延命治療というのは、一旦始まると本人の意思であっても中止できない。

そのため自宅で倒れて、救命措置として気管切開など人工呼吸措置が施され、それがそのまま延命治療となってしまうケースなどは、本人の意思を確認できないので、家族が延命治療の中止を望んでも、中止できない可能性があるという。

延命治療は見守る家族も辛く、また医療費の負担も重くのしかかってくる。

そのため本人の意思を確認できないまま、延命治療を中止して事件になるケースもある。

公正証書などで延命治療は不要であると残す人はなかなかいないだろう。

かく言う私だって、延命治療は嫌だと思っていても公正証書は作成しない。

しかしいつ意識不明の事態になるかもしれないと考えると、家族が「延命治療不要」という私の意思を可能な限り客観的に医師に証明できるように、何か文書、会話、音声などで残しておくことが必要なのかもしれないと思う。

家族の内、誰が先に亡くなり、誰が最後まで残るか、それは誰にもわからない。可能性としては家族の中で一番高齢の人が、一番早く亡くなるだろう。そうであるなら高齢者は、延命治療不要などの意思表示をし、残る家族に迷惑をかけないようにすることは、ある種の義務ではないだろうか。

7 「もったいない思考」の壁

「もとをとらなきゃ、いつか使うから、残さない、もらわなきゃ損」

「もったいない」は世界で通用する日本語になっている。

環境分野でノーベル平和賞を受賞したワンガリ・マータイさん（ケニア出身）が、REDUCE（ゴミ削減）、REUSE（再利用）、RECYCLE（再資源化）を提唱して、それらを一言で表す言葉として、

「環境3R＋RESPECT＝MOTTAINAI（もったいない）」

を広められたからだそうだ。

外国人が日本人の「もったいない」精神を広めてくれているわけだから、日本人が環境に優しい、限りある地球資源への尊敬を込めた生活を行わねばならないのは当然である。

「もったいない」精神は、「ケチ」ではない。資源の無駄遣いを無くすということだ。

なんでもかんでも使い捨てにせず、破れたズボンはパッチワークで飾り、古い電気製品は、使いたい人に差し上げる。

リサイクル通信というリユース業界の専門新聞の調査によると、リユース市場は令和3年（2021年）に約2兆7000億円にもなっている。前年度比11・7％の増加というから、これからも「もったいない」と思う人が増えれば、市場規模は拡大していくだろう。

食品の無駄遣い、すなわち食品ロス（フードロス）を防ぐ取り組みも多くの企業で行われている。

賞味期限の近い食品を安売りする店があったり、食品メーカーでは賞味期限を延ばす試みが行われている。

しかし「もったいない」が「ケチ」になってしまうと問題がある。

「もとをとらなきゃ」の気持ちで、レストランのバイキングであさましく食べすぎてしまったり、カニ食べ放題で、テーブルにカニを山ほど積み、挙句の果てに食べ残してみたり、まるで地獄の餓鬼のようで見苦しいことこの上ない。

いろいろなレストランで食べ放題が実施されているが、食材の無駄になっていないだろうかと心配になる。作りすぎて破棄することがないようにしてもらいたいものだ。

また「いつか使うから」と古いものを溜めるのが、行き過ぎると、ゴミ屋敷になってしまう。

デパートの紙袋なども「いつか使うから」と残しておくと、家の中がそれらで一杯になる。歳を取ると、何もかも億劫になるから、高齢者になると、あまり物を溜め込まないことに徹するべきだ。

食べ物を「残さない」との気持ちはいいのだが、「残る」ほど大量に料理を注文しないことが肝心だろう。ついつい頼みすぎて、食べ残してはいないだろうか。

最近のレストランは、食べ残しの持ち帰りが可能なところも多くなった。事前に容器を持って食事に行く人もいる。これはいいことだ。

「もらわなきゃ損」もあまりいい態度じゃない。不要な物をもらって、結局、ゴミにしてしまうことが多い。

こうやって「もったいない」と「ケチ」の違いを考えてみると、「もったいない」とは分かち合いの精神のようだ。逆に「ケチ」は独り占めの精神だ。

高齢者になったら、もうあまり先がないのだから、人と分かち合って生きていこう。その方が何倍も楽しい。多くの物を無駄にせず、他人と分かち合えば、どれほど充実した人生になることか。

8
お墓の壁
自分の葬儀代やお墓が心配

死んだら、葬儀代くらい残したいという死亡保険のＣＭが頻繁に流れる。

それを見ていると、多くの人にとっては切実な問題なのだなと思う。

しかし、死後のことまで心配する必要があるだろうか。葬儀代くらい残して死なないと、残った者たちが迷惑するから。その通りだろうが、葬儀代など残さなくても、誰かが何とかしてくれるだろう。死後まで心配することはないのではないかと思う。甘い考えなのか？

お墓も同じだ。生前に手配する必要があるのだろうか。自分が死んだら残った者が何とかしてくれるだろう。やはり甘過ぎるのか。

お墓をどこにするのかは難しい。

北海道が好きだなどと言って、そこにお墓を作っても、遠くて誰もお参りしてくれない。

大学時代の恩師の墓は多磨霊園にあるが、子どもがいなかったため荒れ放題だった。私たちゼミ生で定期的に同窓会的に集まり、掃除をしている。その後、皆で一杯飲むのが楽しみなのだが、私たちが掃除をしなくなれば、再び荒れるだろう。

子どもがいても、墓の掃除をしてくれるだろうか。子どもの顔を思い浮かべると、墓の管理をしてくれそうにない。

マンション形式の納骨堂のCMも多い。お参りには便利だ。しかしビルだから100年も200年も保つはずがない。

また経営主体がどこまで健全経営をしてくれるのか、わからない。突然、倒産ということになったらお骨の行き場がなくなる。

実家の墓は、兵庫県の田舎にあり、家を継いだ甥が面倒を見てくれている。

妻の両親は住んでいた神戸に墓地を購入していたが、妻と義妹が相談して墓じまいを行い、神戸市が経営する公営の合同墓にお骨を移した。

せっかく両親が購入した墓地だが、彼女たちがそこに入ることはない。自分たちが死んだら、誰も管理してくれないからだ。

知人は、築地本願寺の合同墓を購入した。費用も手頃で、なにより築地本願寺なら安心だからだ。

私も妻も、墓はない。遠く離れているため、実家の墓に入るわけにもいかない。妻も嫌だろう。

死んだ後の行き場所もないようでは、子どもに迷惑をかけてしまうと思い、時々、妻と墓を話題にすることがある。

樹木葬でも散骨でもいいじゃないか。死んだらなにもわからない。

いい加減な検討である。

しかし、築地本願寺の合同墓を購入した知人は、死後の場所が定まったことで、なんとなく心の平穏が得られたと話す。そういう効果もあるのだ。

心の平穏が得られるなら、死後の行き場所を生前に決めておくのもいいかなと思っているのだが、まだまだ切実な感じがしない。それは私がまだ60代だからかもしれない。これが70代後半にもなれば、もっと真剣に考えるようになるだろう。それまで焦らず先輩たちの話を聞こうと思う。

9 「心の健康」の壁
終わりの始まり

定年退職した友人たちを見ていて変わったなと思うのは、健康に気を付けるようになったことだろう。

彼らは酒の量は明らかに減り、散歩やスポーツクラブで運動することが増えた。

健康でなければ楽しく暮らせない。また、病気になると家族に大変な負担をかけてしまう。

定年後は、収入のことばかりが「生計」になるわけではない。「健康」も立派な「生計」だ。まずこれが基本。

この健康という生計は、身体ばかりではなく精神、すなわち心も大事だ。

「お・い・あ・く・ま」という言葉があるのをご存じだろうか。

住友銀行（現三井住友銀行）の頭取だった堀田庄三さんが部下におっしゃった言葉だが、定年後の心の健康にとてもいい。

「お」怒るな。

「い」威張るな。

「あ」焦るな。

「く」腐るな。

「ま」負けるな。


定年後は、誰でもがふわふわと安定しない気持ちになる。

今までと生活が変わるのだが、変化と現実とを上手く調整できないからだろう。

例えば、第二の職場に勤め始めたり、再雇用で昔の部下に使われたりする。

ついつい昔の癖で若手社員に怒ってしまう。また威張ってしまう。これでは周囲に受け入れてもらえない。

できないことが多くなり、それでもなんとか成果を上げようと焦ってしまう。

かつての部下が偉くなったり、同期が役員になったりすれば腐ってしまう。

定年後は「お・い・あ・く・ま」に気を付ければ心の平穏が得られるだろう。

定年というのは単なる年齢による区切りではない。自分にとっての一つの時代の「終わりの始まり」なのだ。

私は学生時代、スピードランナーとして鳴らしたことがある。大会で勝ったわけではないが、短距離走は速くて自信があった。銀行員になって運動会のリレー選手に選ばれた。自信があった。学生時代のように見事に走ってやろうと意気込んで仲間からトップでバトンをもらった。走れ！　風を切れ！　私は必死で腿を上げ、強く地面を蹴った。私は皆が刮目《かつもく》するスピードで走っているはずだった。しかしどんどん抜かれていく。えっ、いったいどうしたのだ！　焦ってもどうしようもない。抜かれに抜かれ、ビリ。次の仲間にバトンを渡した時は疲労困憊《こんぱい》、絶望のどん底。こんなはずじゃなかったのに……。

私は、過去の栄光の姿を払拭できていなかったのだ。

会社員人生も同じだ。

母の言葉が身に染みる。「過去を振り返るな。振り返れば『のに病』になるぞ」。

会社では偉かったのに、昔は活躍していたのに、あんなに努力したのに、出世ができなかった。あんな馬鹿なやつだったのに、社長になりやがった……。

いろいろな「のに」が、私たちの周りに飛び交う。

私だってそうだ。時々、小説の執筆に詰まったり、本が売れなかったりすると、銀行を辞めなければこんな苦労をしなくてもよかったのに、と「のに病」に罹《かか》りそうになる。

そんな時は、外に出て、ジョギングやストレッチをして気分を変え、「のに」を頭から振り払うことにしている。

この「のに病」に罹ると、間違いなく心が腐り、心の生計が立ち行かなくなる。

これは恐ろしい。何を見ても、何をしても楽しくない。恨み、妬み、嫉《そね》みの世界に落ちてしまう。

あらゆることが定年退職を境に「終わりの始まり」となる。自分の古い殻を脱ぎ捨てねば、楽に生きられない。

PHP新書
PHP INTERFACE
https://www.php.co.jp/

江上　剛［えがみ・ごう］

1954年、兵庫県生まれ。早稲田大学政治経済学部卒業。77年、第一勧業銀行（現・みずほ銀行）入行。人事、広報等を経て、築地支店長時代の2002年に『非情銀行』（新潮社）で作家デビュー。03年、49歳で同行を退職し、執筆生活に入る。その後、日本振興銀行の社長就任、破綻処理など波瀾万丈な50代を過ごす。現在は作家、コメンテーターとしても活躍。著書に『失格社員』（新潮文庫）、『ラストチャンス　再生請負人』（講談社文庫）、『我、弁明せず』『成り上がり』『怪物商人』『翼、ふたたび』（以上、ＰＨＰ文芸文庫）、『50代の壁』（ＰＨＰ文庫）など多数。

定年後の壁

稼げる60代になる考え方

（ＰＨＰ新書 1346）

二〇二三年三月二十九日　第一版第一刷

著者――江上　剛
発行者――永田貴之
発行所――株式会社ＰＨＰ研究所
東京本部――〒135-8137 江東区豊洲5-6-52
ビジネス・教養出版部 ☎03-3520-9615（編集）
普及部 ☎03-3520-9630（販売）
京都本部――〒601-8411 京都市南区西九条北ノ内町11
組版――株式会社ＰＨＰエディターズ・グループ
装幀者――芦澤泰偉＋児崎雅淑
印刷所
製本所――図書印刷株式会社

ISBN978-4-569-85426-7

ＰＨＰ新書刊行にあたって

「繁栄を通じて平和と幸福を」（PEACE and HAPPINESS through PROSPERITY）の願いのもと、ＰＨＰ研究所が創設されて今年で五十周年を迎えます。その歩みは、日本人が先の戦争を乗り越え、並々ならぬ努力を続けて、今日の繁栄を築き上げてきた軌跡に重なります。

しかし、平和で豊かな生活を手にした現在、多くの日本人は、自分が何のために生きているのか、どのように生きていきたいのかを、見失いつつあるように思われます。そして、その間にも、日本国内や世界のみならず地球規模での大きな変化が日々生起し、解決すべき問題となって私たちのもとに押し寄せてきます。

このような時代に人生の確かな価値を見出し、生きる喜びに満ちあふれた社会を実現するために、いま何が求められているのでしょうか。それは、先達が培ってきた知恵を紡ぎ直すこと、その上で自分たち一人一人がおかれた現実と進むべき未来について丹念に考えていくこと以外にはありません。

その営みは、単なる知識に終わらない深い思索へ、そしてよく生きるための哲学への旅でもあります。弊所が創設五十周年を迎えましたのを機に、ＰＨＰ新書を創刊し、この新たな旅を読者と共に歩んでいきたいと思っています。多くの読者の共感と支援を心よりお願いいたします。

一九九六年十月

ＰＨＰ研究所